DESARROLLO Y COACHING
DE MUJERES LÍDERES

FABIANA GADOW

DESARROLLO Y COACHING DE MUJERES LÍDERES

GRANICA

BUENOS AIRES - BARCELONA - MÉXICO - SANTIAGO - MONTEVIDEO

© 2013 *by* Fabiana Gadow
© 2013 *by* Ediciones Granica S.A.

ARGENTINA
Ediciones Granica S.A.
Lavalle 1634 3° G / C1048AAN Buenos Aires, Argentina
Tel.: +54 (11) 4374-1456 Fax: +54 (11) 4373-0669
granica.ar@granicaeditor.com
atencionaempresas@granicaeditor.com

MÉXICO
Ediciones Granica México S.A. de C.V.
Valle de Bravo N° 21 El Mirador Naucalpan Edo. de Méx.
(53050) Estado de México - México
Tel.: +52 (55) 5360-1010 Fax: +52 (55) 5360-1100
granica.mx@granicaeditor.com

URUGUAY
Ediciones Granica S.A.
Scoseria 2639 Bis
11300 Montevideo, Uruguay
Tel: +59 (82) 712 4857 / +59 (82) 712 4858
granica.uy@granicaeditor.com

CHILE
granica.cl@granicaeditor.com
Tel.: +56 2 8107455

ESPAÑA
granica.es@granicaeditor.com
Tel.: +34 (93) 635 4120

Diseño de tapa: DCM DESIGN

www.granicaeditor.com

ISBN 978-950-641-785-7

Hecho el depósito que marca la ley 11.723
Impreso en Argentina. *Printed in Argentina*

Gadow, Fabiana
    Desarrollo y coaching de mujeres líderes. - 1ª ed. - Buenos
    Aires: Granica, 2013.
    276 p.; 22x15 cm.

    ISBN 978-950-641-785-7

    1. Liderazgo. I. Título
    CDD 658.409 2

A mis tesoros:
Facundo, Juan Pablo y Matias.

ÍNDICE

PRÓLOGO

En 1993, en un diario de Buenos Aires, María Nieves Tapia escribía una nota titulada "Las supermujeres mueren a las siete de la tarde", recordando a su joven hermana Josefina. Me gustaría iniciar este prólogo con ese texto:

> *Hace unos años, cuando Josefina acababa de empezar a trabajar y ninguna de las dos soñaba que ser asmática y no ir al médico podía ser una combinación mortal, leímos juntas una nota de García Márquez titulada 'Las mujeres felices se suicidan a las seis de la tarde'.*
>
> *García Márquez hablaba de esas buenas señoras que a los 50 descubren que los hijos se han ido, que su marido ha hecho carrera y no la necesita como en los tiempos duros, y ante la sensación de vacío se tiran por el balcón a la hora del solitario y melancólico crepúsculo.*
>
> *Para Jose y para mí no había nada más lejano que esos balcones. A los 50, nuestra madre médica disfrutaba por primera vez de la libertad de ser cirujana y jefa de servicio sin tener que hacer malabarismos con sus siete hijos. ¿A quién se le iba a ocurrir tirarse por el balcón justo en el tiempo de la cosecha? Sabíamos que esos suicidios eran el símbolo de un tipo de mujer superado; nosotras éramos de otro tiempo, y seríamos todo: esposas, madres, profesionales exitosas, militantes y amigas de diez, y zafaríamos de la maldición del balcón a la seis de la tarde.*
>
> *Jose hizo todo, y a los 33 años ya había tenido éxito en todo. Fue la primera traductora con firma en un diario argentino, se casó con el hombre de su vida, se propuso tener cuatro hijos y tuvo cinco.*
>
> *Zafó del balcón, pero cayó víctima de la enfermedad femenina del siglo: el síndrome de la Mujer Maravilla.*

Quiso hacer todo para un diez, hasta que –como esos ejecutivos triunfadores que revientan de un infarto en su escritorio– se murió de golpe en su propia casa a las siete de la tarde: la hora en que hay que tener los artículos de Le Monde *y el* Washington Post *seleccionados, las llamadas telefónicas y las traducciones terminadas, los chicos en la bañadera, los cuadernos de tareas en las mochilas y la cena preparada, y todavía falta lavar platos, acostar chicos, contar cuentos, recalentar comida para el marido que llega a las mil, recibir su carga de pálidas laborales, acordar programas, revisar finanzas e intentar tener un rato de intimidad conyugal.*

Me la imaginé a Jose llegando al cielo a las corridas como siempre, y a nuestro señor Jesús diciéndole: "Gila, era «al prójimo como a uno mismo»: te olvidaste de agendar la siesta, abrigarte el pechito y tomártela un poco más en solfa. Pero pasá nomás, que acá en el Paraíso tenemos un lugarcito para que descansen los que se exigen demasiado".

Yo sigo siendo una profesional moderna, pero por las dudas agarré la agenda, le pedí a mi marido que me ayudara a tachar tareas superfluas, voy al médico sin dejarlo para mañana y cada noche disfruto con toda mi alma el poder cantarles el arrorró a nuestros indiecitos.

La vida es demasiado linda como para perdérsela arriba de un Fórmula 1.

Este texto de María Nieves lleva inmerso en sí el tema del libro de Fabiana Gadow de dos maneras diferentes: porque nos refleja la robustez de las demandas que enfrenta una mujer dispuesta a enfrentar sus desafíos como persona, y porque nos presenta una urdimbre tensa, donde lo personal, lo íntimo y lo profesional están bien definidos pero no necesariamente escindidos como suelen estar en la sociedad masculina.

Es imposible leer este libro sin pensar cuántas son las demandas que enfrenta una mujer que quiere vivir plenamente en una era de transición. Este es un libro de exploración en un terreno nuevo y, a la vez, de construcción de herramental para desenvolverse en él. Como suele ocurrir en muchas pesquisas, el explorador –en este caso, la exploradora– termina encontrando, además, algo que tal vez no buscaba pero que justifica ampliamente la empresa.

Este libro tiene que ver con un cambio profundo en relación con el rol de la mujer. Está escrito en el camino hacia una sociedad distinta pero aún en mutación, con todo el futuro por delante.

Todavía se encuentran frescos y a la vista los vestigios de una sociedad fundada a partir de una alianza masculina que circunscribió los roles femeninos al ámbito doméstico. Las huellas de esa alianza se observan aún en algunas de las escenas que relata Fabiana; por ejemplo, cuando debió responder si podría desempeñar el puesto que le ofrecían siendo madre de bebés, cuando se le explicó que no sería seleccionada por ser mujer y cuando le vaticinaron que no podría negociar con ciertos interlocutores por su condición de género. Debe reconocerse que ella –a diferencia de muchas otras mujeres– tuvo suerte: al menos, estas cosas se las dijeron cara a cara.

Fabiana señala –y con razón– que "muchas de las mujeres talentosas se quedan en el camino y los estereotipos masculinos se perpetúan". Identifica diferentes obstáculos que llevan a que menos mujeres ocupen puestos de autoridad: barreras que tienen su base en prejuicios, estereotipos, modelos sociales, económicos, psicológicos y hasta generacionales. A estos hallazgos, agregaría uno más: nuestras organizaciones, así como nuestra forma de pensarlas, diseñarlas, construirlas y conducirlas, están caducas. Como decía más arriba, el explorador a veces encuentra lo que no busca. A mi juicio, esa caducidad es el hallazgo inesperado por Fabiana.

La dificultad organizativa para incorporar el potencial femenino es apenas una muestra –en este caso, gigantesca– de las limitaciones de la organización, que son las nuestras. Después de todo, como sostiene Chris Argyris, las organizaciones son como son porque nosotros somos como somos.

Fabiana intenta entender por qué las mujeres, con frecuencia, "quedan por el camino" en la carrera corporativa. Y en ese intento va quedando claro para el lector interesado que los criterios de selección que dejan a las mujeres afuera, además de marcar limitaciones de género, muestran los errores de visión sobre los que las corporaciones contemporáneas se sostienen. Para decirlo con el cinismo de Napoleón Bonaparte: "Es algo peor que una injusticia, es un error".

Se dice que las mujeres no son elegidas para posiciones superiores porque se adecuan menos a esos cargos. Mi hipótesis es que las mujeres no "sirven" para esos puestos porque están mal definidos y porque lo que se espera de la autoridad no es lo que la autoridad puede dar. El desafío no es cómo se hace para encajar a las mujeres en funciones de mando ideadas para hombres. El problema a resolver es cómo redefinir la función de mando y de liderazgo de modo que considere lo colectivo, el significado, a los seguidores la atención por encima de la intención. Redefinirla de manera que entienda que el motor de la acción no es la obediencia sino el significado. Esa tarea puede hacerse solamente con nuevos actores, con nuevas miradas. Involucrar a las mujeres en el mando es algo que debemos aprender, porque no se trata de cambiarlas, de masculinizarlas, sino de cambiar las organizaciones y de reformular cómo nosotros, hombres y mujeres, "leemos" las organizaciones.

Fabiana cita un estudio de Sally Helgesen en el que postula que el liderazgo femenino se expresa en un estilo de dirección particular, caracterizado por el cuidado y la ayuda. Puede ser. Lo que no sé es la razón. Tal vez ese estilo se conecte con funciones innatas o adquiridas culturalmente a edad temprana. O quizás ese estilo surja de la particular situación en que se halla quien, teniendo talento y educación, no "calza" en los puestos de mando tradicionales y entonces desarrolla el cuidado y la ayuda como herramientas para ejercer influencia y actuar.

Fabiana nos recuerda que el gerenciamiento y el liderazgo son dos caras de una misma moneda, en tanto modalidades de desempeño ejecutivo que deben darse de manera complementaria. Coincido completamente, pero me gustaría agregar que hay una diferencia: las organizaciones pueden nombrar gerentes y no líderes. Las mujeres tienen más dificultades para acceder a los puestos gerenciales que al liderazgo. La razón es que el liderazgo es emergente y está menos manejado por las posiciones institucionales, mientras que la autoridad, en cambio, se rige por las lógicas de gobierno de las organizaciones. Este corte entre el liderazgo sin poder –donde las mujeres probablemente predominen– y el gerenciamiento sin liderazgo –retenido por lo general por los varones– constituye apenas un síntoma de nuestras dificultades para comprender el fenómeno organizativo. Se asignan puestos de gerente creyendo que así se construye el liderazgo organizativo. Esto equivale a creer que quien maneja un ómnibus es un conductor de masas. El liderazgo es un emergente social, que se puede dar con o sin poder, y es muy poco controlable. Casi todo lo mejor y lo peor que sucede en las organizaciones está relacionado con fenómenos espontáneos de liderazgo, que no son producto de una estrategia sino respuestas adaptativas al contexto.

Si aprendiéramos a ver el liderazgo en la organización separado de la función de mando, ocurrirían una serie de fenómenos positivos. En primer lugar, sabríamos más sobre cómo funcionan nuestras organizaciones. En segundo, valoraríamos más el trabajo informal, no canónico, que ahora aparece desdibujado por la sobresimplificación que se aplica a la lectura de las organizaciones. En tercer lugar, se remuneraría y se reconocería mejor el papel de los héroes anónimos y de las batallas secretas. Por fin, la pregunta sobre cómo hacer carrera se separaría un poco de "cómo obtener ascensos", que es lo que ocurre hoy en día, y se apreciaría mejor el liderazgo como lo que realmente es: un fenómeno colectivo y distribuido.

En este proceso de transformación se inscriben los cambios que las mujeres, como explica Fabiana, están impulsando en las organizaciones. Se trata de cambios que las organizaciones necesitan. Y que los hombres necesitamos.

Ernesto Gore
Buenos Aires, octubre de 2013

PREFACIO

Hace muchos años que comenzó a interesarme el tema de la mujer en las organizaciones, su crecimiento como profesionales, sus oportunidades para ocupar posiciones de liderazgo, las diferencias de estilo respecto del hombre, la evolución que ha tenido la relevancia de su rol, su manera de enfocar las problemáticas que tienen como líderes, entre otros aspectos.

¿Por qué? No sabría decirlo con precisión. Creo que incidieron dos factores.

En primer lugar, la gestión del talento y del liderazgo es parte de mi formación, especialidad y experiencia en el estudio de las organizaciones. Sin duda, dentro de este campo, los cambios demográficos han impactado de manera insoslayable, entre ellos la participación femenina en el mundo del trabajo. Las transformaciones que esto ha traído aparejado no pueden ser ajenas a los profesionales interesados en temas de desarrollo organizacional y capital humano. Cada vez hay más investigaciones al respecto y es una cuestión que aparece en la agenda de las empresas que hoy quieren crecer en un mundo donde la mujer tiene un lugar importante en las decisiones familiares, de consumo, políticas, etc.

Podría seguir enumerando motivos racionales y conceptuales, pero no creo que sea esencialmente esto lo que me lleva a apasionarme por el tema. En cambio, mucho ha influido lo que he visto y escuchado de colegas, amigas, conocidas, pero también de hombres que acompañan (o no) a las mujeres en este desafío de desarrollarse, realizarse como personas y profesionales, y llegar a ser plenas tanto en lo familiar como en lo laboral. El contacto con personas de diversas generaciones y perspectivas me permite visualizar los cambios que se vienen produciendo.

Pero en la balanza pesa fundamentalmente lo emocional. Mi pasado, presente y futuro. Quisiera aclarar que mi experiencia personal, como mujer que ha hecho carrera en el mundo empresarial, se ha dado en una disciplina, recursos humanos, en la que es habitual la presencia femenina. No pertenezco a ningún campo de los considerados tradicionalmente masculinos. De todos modos, con mayor o menor profundidad, muchos de los factores que giran alrededor de la inserción de la mujer en el mercado laboral, pero sobre todo de su crecimiento jerárquico hasta ocupar posiciones de liderazgo, son similares.

Aun cuando nací en un entorno dominado por mujeres y asistí a escuelas no mixtas, siempre tuve claro que mi objetivo era conformar una familia y desplegar intereses fuera del hogar, ser independiente, aprender, hacer alguna contribución a la comunidad y recibir reconocimiento por desempeñar funciones de relevancia. No iba a ser un camino fácil, pero tenía el apoyo de mis padres. Mi madre no trabajaba pero siempre fue un ejemplo increíble de maternidad. Ella nos incentivaba, a mí y a mi hermana, para que nos desarrolláramos laboralmente. Por su parte, mi padre, además de gran padre, era un modelo profesional exitoso muy fuerte.

Pero diferenciarse y "tenerlo todo" no iba a ser fácil. Estudié mucho. Mi energía estaba en lo actual pero también en evaluar en qué medida todo lo que hacía iba a impactar en mi futuro. ¿Costos? Muchísimos. Quizás quemé algunas etapas. Fui vista como diferente, el primer amor no me llegó al mismo tiempo que a mis amigas, mi vida social no era muy nutrida, mi autoexigencia tenía sus efectos negativos en lo emocional.

Agradezco a mis padres que, además de seguir hoy apoyándome incondicionalmente, me abrieron oportunidades de avanzada para su época, como mandarme muy joven a estudiar en el exterior, enviarme a escuelas de vanguardia, acompañarme en muchas de mis decisiones de vida.

Claramente era competitiva –creo que, para ser exitoso, una cuota de competitividad es necesaria–. La definición de éxito no es igual para los diversos seres humanos. Y en esto quiero ser muy respetuosa y nada exitista. En mi caso tener éxito significaba, y significa, alcanzar los objetivos mencionados: casarme; tener hijos felices y plenos en todas las dimensiones de la vida; hacer lo que me gusta, y hacerlo lo mejor posible por propia satisfacción, sensación de logro y reconocimiento; y dejar un legado a las nuevas generaciones.

Para sobresalir, tenía que tomar decisiones importantes. Había nacido en Nueva York, pues mis padres vivían allí, y quería regresar a hacer un máster, poco habitual en mi época, especialmente para una mujer. Conocí a un hombre maravilloso del cual me enamoré perdidamente. Esto fue lo más afortunado que me pasó en la vida; me acompañó y fue un sostén fundamental en cada proyecto. Creo que contar con el apoyo de la pareja es un factor importante en la carrera de una mujer. Nos casamos, quedé embarazada y nos fuimos a Boston a estudiar. Fue allí donde experimenté la primera de las pocas señales de discriminación de género. ¿Cómo podía una mujer tan joven estar embarazada y estudiar un máster? Era riesgoso, pero valió la pena.

Recibir el diploma con un bebé en brazos fue hermoso. Me permito hacer aquí un paréntesis para mencionar otros dos ejemplos de discriminación que sentí: me plantearon preguntas tales como si con bebés iba a poder desempeñar el puesto que me ofrecían; me dijeron que por ser mujer no había sido seleccionada; me señalaron que no podría negociar con ciertos interlocutores por mi condición de género. Nada que no se escuchara a menudo, y creo que hay otras situaciones más graves de discriminación que tuve la fortuna de no experimentar.

Con respecto a lo que vino después, quizás mi historia es común a la de otras mujeres. Volvimos del exterior. Trabajaba mucho y nos organizábamos como podíamos con los niños (ya eran dos). Hacía tareas extra laborales para seguir creciendo (dar clases, participar y dictar seminarios, escribir, etc.). Abandoné el deporte, me dediqué a mi marido, mis hijos, mi familia y mi carrera, tratando de mantenerme actualizada en mi campo.

Nunca dejé pasar una oportunidad, aunque pudiera parecer un desafío titánico; tomaba riesgos. Cuando me promovieron a gerente, era de las más jóvenes y única mujer de la empresa con ese cargo. Me daba vergüenza hablar, sentía que incomodaba, no tenía claro cómo vestirme, cómo comportarme, no encontraba modelos que me atrajeran. Pero mis jefes, todos hombres, me apoyaban, estaban a mi lado, me daban oportunidades, me estimulaban a ser protagonista. Me sentía respaldada.

Fui cambiando de trabajo para tener nuevos desafíos. Buscaba proyectos que fueran desafiantes y complejos. Seguía viendo que muchos de mis interlocutores eran varones, pero aparecían otras mujeres en áreas comerciales, financieras, etc., con o sin hijos, con carreras más o menos difíciles, y siempre me interesaba escucharlas, entender qué desafíos enfrentaban, qué las satisfacía, cómo trabajaban, cuáles eran sus actitudes, palabras y comportamientos. Mi formación de grado había sido en educación. Me energizaba imaginar cómo habría sido su formación y cómo habían llegado a puestos de poder. Comencé a leer libros sobre mujeres, y escritos por mujeres, para interiorizarme acerca de sus percepciones, sus emociones, maneras de ver el mundo, formas de pensar, intenciones y vivencias. A los ojos de mis hijos, ¡era una feminista!

En los cargos que desempeñé después tuve que viajar mucho. A mi alrededor se preguntaban cómo podía "abandonar" a mi marido y a mis hijos tanto tiempo. La culpa, sin duda, me atormentaba. El temor a fracasar como madre, también. Lo compensaba la sensación de plenitud y la alegría que tenía al regresar a casa, a pesar del cansancio que sobrellevaba para compartir tiempo con mi familia. Siempre me apasionó mi trabajo, y lo transmitía a mis hijos.

No voy a negar que tuve que resignar cosas importantes, tales como compartir tiempo con mis amigas, hacer deporte, pasar más tiempo con mis padres y hermana, tener hobbies, abocarme a acciones solidarias. Son asignaturas pendientes en las que hoy trato de ponerme al día. Mis hijos me demandaban mucho explícita e implícitamente, y sin duda podría haber disfrutado más de ellos, pero creo no haberme perdido nada importante, al contrario. Los fines de semana y las vacaciones eran y son sagrados, generan momentos intensos que no se olvidan más. Siempre estuve atenta, presente no necesariamente en forma física, pendiente de sus tareas, preocupaciones y desafíos propios del crecimiento. Seguí viajando, desarrollándome profesionalmente, haciendo otras cosas relativas a lo laboral. Pasaron algunos años y nació mi tercer varón, a quien, ya más afianzada en mi carrera, le dediqué más tiempo luego del parto. Me di el regalo (así lo sentía) de tomarme varios meses de licencia. Con mis otros dos hijos se podría decir que había sido más "expeditiva".

Mi historia seguramente es similar a la de muchas otras mujeres, pero dar este marco me permite compartir cuál fue el desencadenante del libro que hoy logro finalmente compartir.

Para concluir, no quiero dejar de mencionar factores que fueron determinantes en mi vida como mujer, esposa, madre y profesional. Contar con una familia que siempre me estimuló y comprendió y un marido que me ama, me acompaña, me escucha y me estimula a pedir ayuda, capacidad que me costó tiempo desarrollar. Tener hijos fantásticos que afortunadamente nunca necesitaron mucha ayuda en el estudio, que entendían por qué no los iba a buscar al colegio (aunque lo reclamaban), y cuyo amor me energiza. Disponer de modelos válidos, masculinos en su mayoría, que me reconocían y valoraban. Trabajar con personas valiosas en lo personal y profesional. No tener miedo a los riesgos, salir de mi zona de confort y jugarme por oportunidades que en muchos casos no eran muy evidentes. Organizarme muy bien y tener claros mis valores y prioridades, sabiendo que algo había que resignar. Poder y saber poner límites sin temor a ser rechazada o menos "querida", confiando en mí misma y tratando de conocerme cada día un poco más. Escuchar no solo a mi razón, sino también lo que me dice mi "estómago" y a mi "corazón" y mi instinto. Observar a otras mujeres, sus experiencias, sus vivencias, sus expectativas; y a hombres que aceptan la carrera femenina y a otros que no. Y siempre tratar de hacer lo que me gusta, y apasionarme con lo que hago.

Las experiencias vividas (logros y fracasos, alegrías y tristezas, satisfacciones y frustraciones, temores, dudas y certezas, angustias y convicciones) como mujer que quiere tener y disfrutar una familia plena, sin dejar de hacerse un espacio para una carrera laboral y desempeñar roles de liderazgo, consciente o inconscientemente, me llevan a escribir estas palabras.

No pretendo en absoluto ser un ejemplo ni un modelo: sería muy ambicioso. Solo busco compartir, a partir de mi experiencia y años de estudio, conceptos, preguntas e ideas. Muchas de esas inquietudes responden a hipótesis o planteos que me he hecho en algún momento de mi vida, y otras a cuestiones que he escuchado de otras mujeres:

- *¿Es posible tener hijos y hacer una carrera?*

- *¿Qué se necesita para crecer hasta alcanzar posiciones de liderazgo y más responsabilidad?*

- *No quiero parecer un hombre, pero a veces pienso que es eso lo que esperan de mí.*

- *Me da miedo informar en el trabajo que estoy embarazada.*

- *Creo que lo eligieron a él por ser hombre.*

- *La culpa me está matando: cuando estoy en casa creo que debo estar en el trabajo, y si estoy en el trabajo, que debería estar en casa.*

- *No tengo tiempo disponible, pero sé que debo hacer algún curso o posgrado para seguir desarrollando mi carrera.*

- *No encuentro un modelo o un mentor con el que pueda identificarme.*

- *¿Qué pasará cuando vuelva de mi licencia por maternidad?*

- *¿Y si me ofrecen un puesto jerárquico que implique mudarme a otro país, qué sucederá con mi familia?*

- *Creo que tengo que hacer más esfuerzo que los hombres, demostrar doble mérito.*

- *Siento que no puedo seguir a mi marido en su carrera internacional pues mi profesión también me importa.*

- *La llegada de mi hijo me cambió, me hizo madurar, iluminó todas las dimensiones de mi día a día, y creo que también lo hará con mi trabajo.*

- *Elijo dedicarme a mi carrera y no tener hijos, y siento que me juzgan por ello.*

- *Me hago una escapada para buscar a mi hijo al colegio y vuelvo; no sé qué dirá mi jefe pero necesito hacerlo.*

- *¿Me dedico a emprender mi propio proyecto para poder estar más en casa?*

- *Nos organizamos con mi esposo, ayuda muchísimo, pero la mayor carga la sigo teniendo yo.*

- *¡Qué bien me siento por poder dedicarme a lo que estudié!*

- *¿Me eligieron porque me lo merezco o porque soy mujer y necesitan cubrir un "cupo"?*

¿El libro brindará respuesta a todos estos planteos? Por supuesto que no, solamente trata de acompañar a muchas mujeres que han emprendido este camino y a hombres que quieren indagar en las posibilidades y desafíos que esposas, hijas, empleadas, amigas, familiares, jefas, alumnas tienen cuando se proponen desarrollarse personal y profesionalmente.

Creo que en el mundo de hoy ya no es un lujo contar con capital humano femenino. Por el contrario, pienso que es una necesidad imperiosa porque el talento es escaso y los negocios involucran complementariamente a hombres y mujeres. Hoy se necesitan nuevas habilidades de gestión y liderazgo, muchas de las cuales pueden aportar las mujeres.

¿Cómo está organizado el libro?

Muchos creerán que es un libro feminista, en cierto modo discriminador, que se refiere a un tema ya trillado o superado o que, por el contrario, aborda conceptos y experiencias que aun no se viven en nuestro entorno. A otros les atraerá la problemática o el enfoque, por motivos personales o profesionales, por interés propio o de quienes los rodean. Para todos aquellos que lo lean, espero aportar un granito de arena con las palabras que comparto en esta obra.

Cada capítulo se presenta con una pregunta. La problemática y los desafíos de la mujer en el mundo laboral y en la carrera profesional tienen aristas de las más variadas, y la manera en que cada una atraviesa esas encrucijadas es muy personal. De aquí que el objetivo sea presentar dudas, cuestionamientos, dilemas que disparen la necesidad de reflexionar, de dialogar, de analizar y de identificar líneas de acción, más que sugerir recetas o brindar respuestas.

Los capítulos 1 a 4 se enfocan en *explorar*. Tratan de contribuir a la comprensión del marco en que se da la inserción laboral de la mujer, los atributos que la caracterizan, su estilo de liderazgo, y los obstáculos y oportunidades que suele encontrar en el camino de crecer profesionalmente.

El libro hace referencia en muchas ocasiones al concepto de liderazgo femenino. La hipótesis es que hoy el desafío de la incorporación de la mujer en el ámbito del trabajo reside en sus posibilidades de crecer en la carrera y de ocupar posiciones de mayor relevancia y nivel de decisión.

Los capítulos 5, 6 y 7 apuntan al *hacer*. Identifican procesos y herramientas que le faciliten a las mujeres atravesar el camino de su crecimiento profesional, desempeñarse exitosamente, moverse con naturalidad en el ámbito laboral siendo auténticas, fieles a sus valores, prioridades y estilo personal. La práctica en la que se profundiza es el *coaching*, tema que constituye uno de los ejes de este libro, en tanto constituye un proceso de desarrollo y aprendizaje de muchísimo valor. Considero que en el mundo de hoy es muy valioso implementar una modalidad de coaching más apropiada para las mujeres, no excluyente, pero que tenga en cuenta el contexto en el que se desenvuelven, su estilo y necesidades, y los desafíos y oportunidades que se les presentan. A esta modalidad más ajustada de coaching la llamo "coaxxing". ¿Por qué? A la palabra coaching solo se le modifica "ch" por "xx" –xx es el complemento cromosómico de la mujer y xy, el del hombre–. Si bien el proceso en general es similar, se acomoda más a las necesidades femeninas en el mundo laboral.

Los capítulos 8 y 9 apuntan a *contribuir*. Creo que la mujer que alcanza posiciones de liderazgo siendo realmente auténtica y honesta consigo misma, y respetando sus valores y prioridades, puede constituirse en modelo válido y creíble para las nuevas generaciones, colaborando con que haya más oportunidades para las mujeres. En el Capítulo 9 planteo la importancia de entender a las jóvenes, que brindarán un aire fresco y mucho más natural al actual paradigma laboral inclusivo en lo que a género se refiere.

Finalmente, en el último capítulo comparto algunas reflexiones personales sobre las principales cuestiones abordadas a lo largo del libro. El valor que tienen para la carrera el desarrollo y la formación, y la relevancia de algunas herramientas como el *coaXXing*; las barreras más frecuentes y la importancia de ser fiel a sí misma; y lo maravilloso que es disfrutar el rol de liderazgo dejando un legado a las futuras generaciones.

¿A quién está dirigido?

Este libro está dirigido a todas aquellas personas, mujeres y hombres, que se interesen en el tema de género en el mundo del trabajo. A mujeres que quieren desarrollarse laboral y profesionalmente sin descuidar ninguna faceta de su vida social, familiar y personal. A hombres que son conscientes de que es irreversible el cambio demográfico que implica la inserción femenina en el mundo del trabajo y en espacios de decisión, y que su impacto es enriquecedor para las personas, y positivo para los negocios y la sociedad en su conjunto. A las personas a quienes les interesa que las mujeres que las rodean sean exitosas, que quieren ayudarlas en este camino o que esperan ser modelos para las nuevas generaciones. A mujeres que tienen sus propios emprendimientos y a aquellas que trabajan en empresas o en forma independiente, casadas, solteras, con o sin hijos. A todos aquellos que tienen curiosidad por aprender un poco más sobre una problemática de talento muy vigente en el mundo de hoy.

CAPÍTULO 1

LA MUJER Y EL TRABAJO: ¿IGUALDAD O DIVERSIDAD INCLUSIVA?

La propuesta de este libro es brindar un enfoque positivo acerca de la evolución del fenómeno de la mujer en el mundo del trabajo y en la carrera laboral. Las investigaciones demuestran que hay mucho por recorrer, que siguen existiendo desigualdades, que el camino de las mejoras es lento, pero sin duda los avances y logros son visibles.

En este capítulo se brinda un marco teórico sobre la temática del libro, en particular con respecto al sentido del trabajo para la mujer, la evolución de los cambios que se vienen dando en el mundo laboral femenino, y el significado e impacto del feminismo, movimiento que el enfoque de este libro no pretende reflejar.

La mujer en el mundo laboral

El término "trabajo" plantea una relación social que ha atravesado distintas etapas a lo largo de la historia. Esos momentos han marcado su significado y el concepto seguirá evolucionando con el paso del tiempo. Existen definiciones y enfoques muy variados; cada autor enuncia y argumenta de manera diferente acerca de la cuestión, pero todos los enfoques mantienen muchos matices en común. Un planteo muy interesante por su claridad es el de José María Peiró, quien define el trabajo como "el conjunto de actividades humanas, retribuidas o no, de carácter productivo y creativo que mediante el uso de técnicas, instrumentos, materias y/o informaciones disponibles, permite obtener, producir o prestar ciertos bienes, productos o servicios. En dicha actividad, la persona aporta energías, habilidades, conocimientos y otros recursos diversos y obtiene algún tipo de compensación material, psicológica y/o social"[1].

Se puede decir, pues, que el trabajo se caracteriza por su carácter multidimensional y multifacético, porque cumple una gran diversidad de funciones y varía de significado según el contexto y el momento histórico. Pero no hay duda de que ocupa un lugar importante en la vida de los individuos al convertirse en fuente principal de ingresos económicos y, en muchos casos, de significado y valoración personal. Dichos ingresos, a su vez, permiten la integración de las personas, proporcionan un estatus social, contribuyen al desarrollo de ciertas competencias y satisfacen necesidades psicológicas, de autoestima, imagen social o la propia identidad como ser social. El trabajo cumple también una función socializadora ya que transmite valores, normas, creencias y expectativas de una sociedad, generación tras generación.

En este marco, la incorporación de la mujer al mundo laboral no solo tiene su efecto en lo social y lo económico sino fundamentalmente en su realización como persona, en su propia identidad y proyección.

---

1. Peiró, J. M. y Prieto F. (Dirs.): *Tratado de psicología del trabajo*. Síntesis, Madrid, 1996.

El valor del trabajo doméstico

Aun cuando la tendencia es que las desigualdades se vayan diluyendo con el paso del tiempo, indudablemente estas eran muy marcadas cuando las mujeres empezaron a abrirse paso en el mundo del trabajo. Diferencias en la formación académica, en el desarrollo de la trayectoria laboral y en el reparto de roles y tareas domésticas, causaban de por sí desventajas sociales para las mujeres. Según Susana Narotzky[2], hay una clara relación de dominio en la distribución de las tareas domésticas y de producción, que se mantiene en cierta forma vigente en las sociedades contemporáneas. La autora señala que las tareas que realizan las mujeres dentro del hogar, tales como la procreación, crianza y educación de los hijos, son consideradas como naturales y de ayuda al mantenimiento del núcleo familiar. Este significado y el valor que se les concede se contrapone al de "trabajo asalariado", propio del hombre, que genera y produce bienes mercantiles. Es decir, por un lado tendríamos el "trabajo como ayuda" que realiza la mujer y por el otro "el trabajo como generador de dinero", al que nos referimos cuando lo realiza el hombre. Por consiguiente, se genera un modelo según el cual los ingresos que provienen del salario de una mujer que trabaja fuera de casa son automáticamente considerados como ayuda al hogar, al igual que su trabajo doméstico.

Esto afecta a su vez la división sexual del trabajo por cuatro razones. La primera, porque dicho planteamiento de "ayuda" se extrapola al terreno socioeconómico, donde se convierte "en la función económica de la mujer en la sociedad"[3], por lo que su trabajo siempre se va a considerar secundario con respecto a su "actividad principal",

---

2. Narotzky, Susana: *Mujer, mujeres y género.* CSIC, Madrid, 1995.
3. Santos Ortega, José Antonio: *Sociología del trabajo.* Tirant lo Blanch, Valencia, 1995.

el trabajo doméstico. La segunda razón es porque sus ingresos se perciben como un complemento de los aportados por el varón, como una "ayuda". La tercera, porque considera que su trayectoria laboral puede ser discontinua dado que es percibida como una madre en potencia. Por último, la cuarta razón responde a las diferencias de formación y profesionalidad. A la mujer, históricamente, se la consideró una trabajadora dotada con destrezas y técnicas pero carente de títulos y certificaciones formativas que acreditasen su cualificación, por lo que se la relegó a trabajos de niveles secundarios e inferiores a los ocupados por los hombres, poseedores de estudios que los avalaban.

La consideración de las tareas domésticas como trabajo es un debate que ha generado polémicas y controversias a lo largo de la historia, al no quedar clara su cuantificación en términos monetarios. En palabras de Antonella Picchio: "(…) el trabajo doméstico tiene como objetivo el bienestar de las personas, mientras que el objetivo de la producción de mercancías es la acumulación de beneficios"[4].

Los enfoques del trabajo más conservadores, sujetos al concepto de producción, consideran que el trabajo doméstico juega un papel importante en el funcionamiento de nuestra sociedad y resulta acertado referirse a él como actividad laboral no monetarizada, sin embargo hay resistencia a definirlo como trabajo. En cuanto a los enfoques más orientados a las funciones de la institución familiar, defienden las tareas domésticas como "trabajo" a pesar de que siguen encontrando serias complicaciones para valorar y cuantificar dichas tareas a nivel económico, debido a su complejidad y diversidad.

---

4. Picchio, Antonella: "El trabajo de reproducción, tema central en el análisis del mercado laboral", en *Las mujeres y el trabajo, rupturas conceptuales*. Fuhem, Barcelona, 1994.

Si bien es cierto que retribuir las tareas domésticas supone brindar un reconocimiento y prestigio social a quienes las desempeñan, también implicaría justificar y perpetuar a la mujer en los confines domésticos, con lo que se desvirtúa su valor emocional.

Referencia histórica

Los estereotipos sociales sobre el trabajo, reconocibles con frecuencia aún hoy entre nosotros, surgieron del modelo del trabajador hombre, proveedor indiscutible del hogar, sustento de la familia. Por entonces, de las mujeres se esperaba que fueran esposas, madres y educadoras sensibles, afectivas y vulnerables. Sus habilidades reconocidas se centraban en cooperar, apoyar, ofrecer respaldo, comprender y brindar servicio a los demás, mientras que de los varones se esperaba que fueran competitivos, fuertes, decididos y controlados. Estas expectativas, que operaron fuertemente en la construcción de modelos predominantes y en la socialización, llevaron a que la mujer se ocupara del hogar, las tareas domésticas y la crianza de los niños, y fuera así el núcleo integrador de la familia.

La Segunda Guerra Mundial supuso un gran cambio en la situación laboral femenina, ya que fue entonces cuando se empezó a hablar de la mujer como un factor productivo. Mientras los hombres peleaban en los frentes, ellas ocupaban su lugar, contribuyendo de forma decisiva al sostén de la sociedad. Una vez finalizada la guerra, la mujer no regresó a las labores del hogar como se suponía, y eso permitió que entrara un sueldo extra en la familia. Asimismo, el crecimiento del sector terciario favoreció la incorporación de la mujer al mundo laboral. Estos hechos hicieron que su rol adquiriera importancia y el número de trabajadoras aumentara considerablemente. Empezaban a ponerse de manifiesto las cualidades, las actitudes y los comportamientos específicamente femeninos en el mundo productivo.

Muchos acontecimientos se dieron en este terreno en los años siguientes, pero recién en los '70 comenzó a madurar la consideración de las relaciones de trabajo como no asexuadas y se erigió el concepto de género como categoría comparable a las de clase, edad o estatus social, entre otras.

Algunos factores que marcaron los años '70 como una época importante en la incorporación femenina al mundo laboral fueron:

1. Fenómenos sociales que ejercieron una fuerte influencia en el sector terciario respecto del industrial. Aparecieron nuevas actividades que permitieron a la mujer incorporarse a un mercado de trabajo emergente. En él podían formarse como profesionales e ir incrementando su presencia, sobre todo en el sector de los servicios públicos.

2. Mayor heterogeneidad en las estructuras familiares (por ejemplo, padres divorciados, abuelos más independientes), lo que supuso una transformación en la gestión doméstica.

3. El nacimiento de movimientos de mujeres que cuestionaban la forma de dividir socialmente el trabajo y las condiciones en que se insertaban las mujeres en el mercado laboral.

4. Creciente presencia femenina en el sistema educativo terciario formal, por necesidad personal o condicionamientos sociales y económicos. Eso posibilitó la adquisición de herramientas que facilitaron su incorporación al sistema productivo, así como la diversificación de sus posibilidades.

LA MUJER Y EL TRABAJO: ¿IGUALDAD O DIVERSIDAD INCLUSIVA?

De todos modos las nuevas oportunidades laborales surgieron fundamentalmente en los servicios públicos de educación y sanidad –al principio en los niveles primarios, de carácter más maternal, y posteriormente en los secundarios–. Así, las mujeres comenzaron a ocupar puestos subordinados de apoyo a actividades profesionales jerarquizadas y masculinas. También empezó a haber una incipiente presencia femenina en algunas ramas industriales, como la textil o la alimentaria, pero los puestos eran poco calificados y de bajo nivel retributivo.

Una referencia al feminismo

El concepto de feminismo alude a los movimientos de liberación de la mujer. Históricamente ha ido adquiriendo diversas modalidades, así como diferentes corrientes internas. Igual que otros movimientos, ha generado pensamiento y acción, teoría y práctica. El *Diccionario de la lengua española* de la Real Academia lo define como "doctrina social favorable a la mujer, a quien concede capacidad y derechos reservados antes a los hombres". En su segunda acepción, es el "movimiento que exige para las mujeres iguales derechos que para los hombres"[5].

El feminismo propugna un cambio en las relaciones sociales que conduzca a la liberación de la mujer –y también del varón– a través de la eliminación de las jerarquías y desigualdades entre los sexos. También puede decirse que es un sistema de ideas que, a partir del estudio y análisis de la condición de la mujer en todos los órdenes –familia, educación, política, trabajo, economía, etc.–, pretende transformar

---

5.   Real Academia Española: *Diccionario de la lengua española*. Ver: http://lema.rae.es/drae/?val=feminismo.

© GRANICA   37

las relaciones basadas en la asimetría y opresión sexual mediante una acción movilizadora. La teoría feminista se refiere al estudio sistemático de la condición de las mujeres, su papel en la sociedad y las vías para lograr su emancipación.

Antecedentes históricos

Los estudiosos plantean que en cierto modo la lucha de la mujer comienza a tener finalidades precisas a partir de la Revolución francesa, ligada a la ideología igualitaria y racionalista del Iluminismo y a las nuevas condiciones de trabajo surgidas a raíz de la Revolución industrial. Es a partir del acceso de las mujeres al sufragio, en diferentes momentos en cada país, cuando reivindican su autonomía. Este fenómeno es considerado la primera ola del feminismo.

El movimiento se profundiza a fines de los '60 en los países más desarrollados. Los ejes temáticos que plantea son la redefinición del concepto de patriarcado, el análisis de los orígenes de la opresión de la mujer, el rol de la familia, la división sexual del trabajo y el trabajo doméstico, la sexualidad, la reformulación de la separación del espacio público y privado, y el estudio de la vida cotidiana. Uno de sus postulados es que no puede darse un cambio social en las estructuras económicas si no se produce a la vez una transformación de las relaciones entre los sexos. Se insiste en la necesidad de buscar una nueva identidad femenina. El feminismo de esta segunda ola, que se extiende aproximadamente hasta comienzos de los '80, considera que la igualdad jurídica y política constituyó un paso adelante pero todavía insuficiente para modificar en forma sustantiva el rol de las mujeres.

Conviene señalar que dentro del feminismo contemporáneo existen numerosos grupos con diversas tendencias y orientaciones. Por esta razón, es más correcto hablar de *movimientos feministas*. Entre los desarrollados con la segunda ola, pueden distinguirse tres líneas principales, atravesadas por los conceptos de igualdad y diferencia:

1. *Feminismo radical.* Sostiene que la mayor contradicción social se produce en función del sexo y propugna la confrontación. Tiene como objetivos centrales retomar el control sexual y reproductivo de las mujeres, aumentar su poder económico, social y cultural, y crear organizaciones no jerárquicas, solidarias y horizontales. Propone una revalorización de lo femenino, planteando una oposición radical a la cultura patriarcal y a todas las formas de poder, que se considera que son propias del varón, mientras que rechaza la organización, la racionalidad y el discurso masculino. Este feminismo reivindica lo irracional y lo sensible como atributos característicos de la mujer. Revaloriza la maternidad y exalta las tareas domésticas como algo creativo que se hace con las propias manos. Rescata el lenguaje del cuerpo –así como la inmensa capacidad de experimentar placer de la mujer– y su supremacía sobre la mente. Defiende la existencia de valores y culturas distintos para cada sexo.

2. *Feminismo liberal.* Considera al capitalismo como el sistema que ofrece mayores posibilidades de lograr la igualdad entre los sexos. Cree que la causa principal de la opresión está dada por la cultura tradicional, que implica atraso y no favorece la emancipación de la mujer. El enemigo principal sería la falta de educación y el propio temor de las mujeres al éxito.

3. *Feminismo socialista.* Coincide con algunos análisis y aportes del feminismo radical, reconociendo la

especificidad de la lucha femenina, pero considera que esta debe insertarse en la problemática del enfrentamiento global al sistema capitalista. Considera también que los cambios en la estructura económica no son suficientes para eliminar la opresión de las mujeres. Relaciona la explotación de clase con la opresión histórica de la mujer, primero bajo el patriarcado y después bajo el capitalismo.

A mediados de la década de 1980, con el reconocimiento de las multiplicidades y la heterogeneidad del movimiento, se produjo una crisis. Surgieron entonces grandes discusiones en el seno del feminismo, que comenzó a desarticularse y perder fuerza como movimiento social.

Si bien el feminismo consiguió colocar la cuestión de la emancipación de las mujeres en la agenda pública desde mediados de los '70, según algunos autores la producción teórica más importante tuvo lugar durante las dos últimas décadas. Esta tercera ola, aunque no haya estado acompañada por un movimiento social pujante como en los inicios de la segunda, produce una importante institucionalización del feminismo gracias a la proliferación de ONGS y a la participación de algunas de sus referentes en los gobiernos y organismos internacionales. Desde su espacio en las universidades alentó y profundizó la investigación y la elaboración de tesis, complejizando sus reflexiones e imprimiéndoles mayor rigor académico. Se abrió notablemente el abanico de escuelas y propuestas, incluidas las referidas a la discusión estratégica sobre los procesos de emancipación. La tercera ola, surgida como respuesta a los fallos percibidos en la anterior, marca la toma de conciencia de que no existe un único modelo de mujer sino, por el contrario, una multiplicidad determinada por cuestiones sociales, étnicas, de nacionalidad o religión.

Impacto del feminismo

El feminismo ha llevado a importantes cambios en la sociedad, incluyendo el sufragio femenino, el empleo igualitario, el derecho de pedir el divorcio, el derecho de la mujer a controlar su propio cuerpo, entre otros. No menos significativo es el aporte de las autoras que, en el transcurso de los siglos, han contribuido a levantar la estructura conceptual del movimiento. La teoría feminista introdujo en la sociedad y en el mundo académico nuevas categorías y áreas de estudio. Ha hecho sentir su impacto en amplias áreas del ordenamiento jurídico, entre otras, con leyes contra la violencia de género y de paridad electoral.

A pesar de los logros obtenidos, el movimiento feminista reconoce que todavía hay muchos cambios por hacer a fin de que, en diversos órdenes y sociedades, la mujer abandone definitivamente la situación de vulnerabilidad personal, política y laboral en la que ha sido tradicionalmente instalada.

Riesgos del feminismo

El objetivo de describir este fenómeno es comprender cómo ha impactado el papel de la mujer en la sociedad actual, sin soslayar que las hipótesis que subyacen en este libro distan de responder al feminismo radical.

Son varios los riesgos por los que atraviesa el movimiento feminista. En tanto no es un partido político, carece de propuestas colectivas y canales de diálogo articulados. La fragmentación de miradas y las luchas internas lo debilitan. Despliega posturas demasiado radicalizadas cuyos planteos terminan siendo inviables. Sus modalidades muy extremas de expresión generan prejuicios, de aquí que cualquier estudio, idea o investigación (aunque sean inclusivos), terminan por etiquetarse como enfoques radicalmente feministas y son descalificados tanto por hombres como por mujeres.

Algunos avances

Hoy, por su formación y nivel profesional, la mujer se encuentra en condiciones adecuadas para acceder a puestos laborales de alta responsabilidad. Pero aunque su situación actual es sensiblemente mejor que en el pasado, las mujeres continúan ocupando por lo general puestos de nivel medio o bajo, mientras que los superiores, de liderazgo, siguen mayoritariamente a cargo de los hombres.

Gracias a los fenómenos sociales descriptos, a las transformaciones productivas y tecnológicas, y al incremento y la diversificación de oportunidades laborales en el sector público y en el privado, se han introducido una serie de políticas de orden jurídico destinadas a regular la situación profesional de la mujer.

No obstante, en cuanto al rol maternal, no se ha hallado aún una solución plenamente satisfactoria para hacerlo compatible con las obligaciones del trabajo. Así, sigue siendo la mujer quien, dueña de la hermosa e indelegable responsabilidad reproductiva, debe resolver el desafío de armonizar trabajo y maternidad, o decidir postergar una de estas facetas provisoria o definitivamente. Pero la situación, sin dudas, se ve atenuada gracias a la expansión y el desarrollo de servicios sociales públicos y a la introducción de algunas disposiciones legales, como los permisos de maternidad. Estas mejoras eliminan algunas de las barreras o corrigen desigualdades estructurales.

Se está avanzando en reducir las diferencias, pero la realidad es que el progreso se da más a nivel teórico que de manera práctica y real. Es muy complejo cambiar un paradigma social. Lleva tiempo, y la historia de esta tendencia transformadora es aún muy breve.

El papel de la diversidad

En los últimos años las políticas de igualdad de oportunidades han ido evolucionando al amparo de la promoción de la diversidad.

Entendida la diversidad como el conjunto de valores, visiones, culturas, saberes organizacionales, metodologías y conocimientos que cada grupo trae consigo para ponerlo al servicio del aprendizaje mutuo, este enfoque parecería ser más inclusivo y balanceado en la búsqueda de mejoras en las condiciones laborales de las mujeres. Comprender el desafío de la diversidad va mucho más allá de aceptar a las personas de distintas edades, etnias, géneros, estilos de vida, religiones, intereses e inquietudes. Implica reconocer y valorar las diferencias que hacen únicos a los seres humanos y las similitudes que los conectan.

La participación femenina en la toma de decisiones se enfoca hoy, en muchos ámbitos, como un modo de afrontar las exigencias y demandas de una gestión más eficaz de la diversidad. La mayor intervención de las mujeres en los puestos de trabajo tradicionalmente cubiertos por los hombres demuestra que su presencia en el mercado laboral contribuye a generar nuevos estilos de trabajo, nuevos modos de dirigir equipos y nuevas formas de relacionarse y de afrontar desafíos actuales, aprovechando al máximo el talento disponible.

La gestión de la diversidad conlleva una serie de cambios en la cultura organizacional conducentes a un mayor respeto y aprovechamiento de la riqueza que ofrece. En esta línea, la llegada de la mujer al mundo laboral permitió no solo introducir una serie de valores positivos, sino también favorecer el desarrollo económico y el progreso social. A su vez, la diversidad ocasionó un cambio en las organizaciones que se expresa, entre otros resultados, en la promoción y la creación de nuevas profesiones y fuentes de trabajo. Queda mucho camino por andar y muchas barreras que derribar, sin embargo los logros obtenidos abrieron valiosas puertas que generan una perspectiva optimista para el futuro.

Concluyendo

No hay que remontarse muy lejos en el tiempo para encontrar el primer paso en el camino de la reivindicación de los genuinos derechos de la mujer como trabajadora y ciudadana. El movimiento feminista, más allá de las críticas, riesgos y opiniones antagónicas que despierta, ha tenido su efecto en la conquista de ciertos derechos.

Hubo idas y venidas, avances y retrocesos, corrientes radicales y otras no tanto. Como saldo, las investigaciones demuestran que la participación protagónica de la mujer en las estructuras organizativas y productivas ha aumentado. Y también, que ese incremento no se logró necesariamente a costa del espacio maternal y familiar, sino contribuyendo a la realización personal plena de la mujer y al enriquecimiento de la sociedad en general.

Hace unas décadas se comenzó a tomar conciencia de que las mujeres son capaces de brindar lo que el mundo laboral requiere en la actualidad. Pero aún más importante que esta afluencia de mano de obra es el hecho de que las mujeres están comenzando precisamente ahora a asumir posiciones de liderazgo, lo cual les permite impulsar y afirmar las tendencias hacia el cambio. Esta circunstancia es providencial, ya que representa una oportunidad única para que las mujeres puedan colaborar en esta transformación del mundo del trabajo con la impronta de sus valores personales y sin renunciamientos.

CAPÍTULO 2

MUJERES Y HOMBRES: ¿DOS MUNDOS O DOS MIRADAS?

Mujeres y hombres operan con lógicas y perspectivas propias. Piensan y actúan distinto. Son educados en formas diferentes. Miran, observan, perciben, destacan y persiguen su satisfacción de modos particulares. Algunas investigaciones sostienen que estas diferencias, estas dos maneras de acercarse al mundo, están íntimamente relacionadas con cuestiones socioculturales, de educación, psicológicas y hasta biológicas. Desde este abordaje, intentaremos responder en el presente capítulo a la pregunta que le da título: mujeres y hombres, ¿dos mundos o dos miradas?

Desde lo social: las relaciones personales

Que una persona otorgue relevancia a ciertas cosas respecto de otras tiene estrecha ligazón con lo que vive en el día a día, con lo que observa, con las conversaciones de las que participa, con los mensajes y ejemplos que recibe, con las figuras referenciales que la rodean[1].

---

1.   Helgesen, Sally & Johnson, Julie: *The female vision*. Berrett-Koehler Publishers, San Francisco, 2010.

Las expectativas sociales, derivadas de un modelo educativo diferente para hombres y mujeres, incidirían sobre la manera en que unos y otras direccionarían el valor que otorgan a diversos aspectos de la vida. Históricamente, ellas debían centrarse en brindar apoyo, ser comprensivas y ofrecer servicio. De los hombres, en cambio, se esperaba que fueran exitosos laboralmente, sostuvieran sus hogares, fueran fuertes y decididos y mantuvieran el control. Es así como orientarían su forma de otorgar valor en un modelo competitivo, para ganar y obtener retribuciones a cambio.

Por su parte, la satisfacción de las mujeres en general se relaciona con la interacción social y los vínculos familiares; esto les brinda más satisfacción que los beneficios económicos que sustenten sus hogares. Entonces, prefieren cooperar y considerar que su tarea puede ser útil a un propósito mayor. Necesitan disfrutar del día a día, por eso es crucial que su posición laboral les permita cumplir con sus responsabilidades domésticas y no las obligue a sacrificar tiempo personal o familiar. Para ellas es fundamental que los dos ámbitos –el profesional y el personal– se integren. La mujer se ve a sí misma como un todo y, por lo tanto, no vislumbra su vida disociada entre trabajo y familia, sino como una unidad.

Desde la sociología, muchos plantean que en realidad los comportamientos femeninos y masculinos están fuertemente ligados a un sistema de premios y castigos que orientan las acciones. La misma acción puede ser culturalmente premiada en un hombre y castigada en una mujer. Esto significa que hay comportamientos masculinos recompensados culturalmente que difieren de lo culturalmente aceptado en una mujer. Y viceversa.

Toda visión personal, todo anhelo de realización individual, incluye una dimensión ética que se manifiesta en nuestra manera de actuar. Las mujeres, por lo general, suelen asumir una visión integrada de sí mismas, que las incluya y contemple simultáneamente en todos sus roles. Asimismo, tienden a valorar las acciones diarias que, cobrando importancia en el presente, se proyectan hacia el futuro. Por eso, en la mujer, la idea de "aportar un granito de arena", de trascender por sí y a través de sus hijos, resulta central.

Desde lo psicológico: intuición y creatividad

Las mujeres aportan al mundo laboral su intuición, una herramienta particularmente útil cuando lo racional y el pensamiento lógico no son suficientes. La racionalidad es indispensable para organizar los pensamientos y las emociones. Sin embargo, no debería dejarse de lado la inteligencia intuitiva que, por distintas razones, suele estar más a flor de piel en las mujeres. Dentro de las organizaciones, esta cualidad intuitiva suele ser desvalorizada y su importancia o su contribución se minimizan.

Mucho se ha hablado sobre los dos hemisferios del cerebro y el rol de cada uno. La intuición es una función psíquica producto del hemisferio derecho y está relacionada con la faceta femenina presente en todas las personas, por eso se la atribuye fácilmente a las mujeres. Sin embargo, está en cada uno de nosotros como un potencial a desarrollar y hoy en día muchos hombres hacen uso de ella. Carl G. Jung plantea cuatro funciones para comprender la realidad: el pensamiento, el sentimiento, la sensación y la intuición. Define a esta última como un modo de percepción y conocimiento que se expresa a través del cuerpo, la mente y la conciencia. La intuición es una aptitud humana –de hombres y mujeres– que, como el resto de las capacidades, puede desarrollarse y profundizarse con la formación y el estímulo apropiados.

La intuición es una herramienta fundamental para comprender y descifrar sincronicidades –simultaneidad poco habitual de dos hechos sin relación causal– portadoras de mensajes[2]. Estar en contacto con la intuición permite tener una visión más global del mundo y fomentar un enfoque no compartimentado de los distintos eventos de la vida, lo que a su vez hace posible una mejor capacidad de discernimiento.

La cultura y la educación recibida por un niño muchas veces funcionan como bloqueo de esa intuición, dificultando el acceso a esas capacidades. De niños, las informaciones que llegan a través de la intuición –a veces llamada "sexto sentido"– y que pueden manifestarse por medio de imágenes, sensaciones o, incluso, de sonidos, entran en conflicto con las pautas familiares o culturales y, por lo tanto, tienden a ser rechazadas. Con el tiempo, el bloqueo lleva a que la persona pierda parte de esa información, por no dispensarle la atención adecuada o por restarle importancia. Pero esa intuición no desaparece: se memoriza en la psiquis y, al estimularla, regresa.

¿Y la creatividad?

La creatividad puede entenderse como pensamiento original, imaginación constructiva, pensamiento divergente, generación de nuevas ideas o conceptos, o de nuevas asociaciones entre ideas y conceptos conocidos que habitualmente producen soluciones originales. Al igual que la intuición, también la creatividad requiere de un desarrollo mayor del lado derecho del cerebro, ya que allí se encuentran todos los sentidos emotivos y estéticos del ser humano. Este hemisferio cerebral es el responsable de las capacidades y funciones intuitivas, emocionales y espaciales; se adapta mejor para descubrir y lograr una visión de las cosas y

---

2. Mielczareck, Vanesa: *Inteligencia intuitiva*. Kairós, Barcelona, 2008.

se expresa mejor mediante imágenes visuales y metáforas. Podría deducirse que debido a que la mujer tiene un buen desarrollo del lado derecho es naturalmente más creativa.

Según Estanislao Bachrach[3], la estimulación de los sentidos es uno de los pilares de la creatividad. "No se puede encender y desarrollar la creatividad si primero no se está abierto y dispuesto a percibir lo que sea como si fuera la primera vez, zafar de los estereotipos con una percepción fresca es lo que permite desplegar una más amplia generación de nuevas ideas". Entre los que deben estimularse, Bachrach incluye el "sexto sentido", que comúnmente se asocia con lo femenino y que permite, por ejemplo, "percibir cuándo lo que alguien dice se contradice con lo que su cuerpo está mostrando. Las mujeres detectan contradicciones entre las palabras y el lenguaje corporal de manera más eficiente que los hombres. Desarrollan esta habilidad aún más cuando son mamás y tienen que comunicarse tempranamente con sus hijos antes de que aprendan a hablar". Hay investigaciones que demuestran que las mujeres son más sensibles a las expresiones faciales y más hábiles para discernir el estado de ánimo y el humor del otro. Las mujeres pueden hablar y pensar entre dos y cuatro temas al mismo tiempo, lo que facilita el pensamiento divergente propio de la creatividad.

Desde lo afectivo: la inteligencia emocional

La emoción –del latín, *motere* (moverse)– se define como un estado de ánimo caracterizado por una conmoción orgánica, producto de sentimientos, ideas o recuerdos, y que

---

3.   Bachrach, Estanislao: *Ágil mente. Aprende cómo funciona tu cerebro para potenciar tu creatividad y vivir mejor.* Sudamericana, Buenos Aires, 2013.

puede traducirse en gestos, actitudes, risa, llanto, etc. Es lo que hace que nos acerquemos o nos alejemos de una determinada persona o circunstancia. Por lo tanto, la emoción es una tendencia a actuar y se activa con frecuencia por alguna de nuestras impresiones grabadas en el cerebro o por medio de los pensamientos cognoscitivos, lo que provoca un determinado estado fisiológico en el cuerpo. Las emociones pueden proporcionarnos información valiosa sobre nosotros mismos, sobre otras personas y sobre determinadas situaciones. Por ejemplo, sentir ansiedad o cólera permitiría tomar medidas para reducir o regular nuestra carga de trabajo.

De la ira al entusiasmo, de la frustración a la satisfacción, cada día nos enfrentamos en el trabajo a emociones propias y ajenas. La clave está en utilizarlas de forma inteligente, que es precisamente lo que se quiere expresar con el término inteligencia emocional: hacer, deliberadamente, que nuestras emociones trabajen en beneficio propio y de los demás, de modo que nos ayuden a controlar nuestra conducta y nuestros pensamientos para obtener mejores resultados.

Daniel Goleman define la inteligencia emocional como "la capacidad humana de sentir, entender, controlar y modificar estados emocionales, de reconocer nuestros propios sentimientos y los ajenos, de motivarnos y de manejar bien las emociones, en nosotros mismos y en nuestras relaciones, en uno mismo y en los demás"[4]. Describe aptitudes complementarias pero distintas de las habilidades puramente cognitivas medidas por el cociente intelectual.

La inteligencia emocional no consiste en ahogar las emociones sino en dirigirlas y equilibrarlas. El autodomi-

---

4.   Goleman, Daniel: *La inteligencia emocional en la empresa*. Vergara, Buenos Aires, 1999.

nio emocional no significa negar o reprimir los verdaderos sentimientos sino canalizarlos de modo constructivo. Todos los estados de ánimo tienen su utilidad, incluso los negativos. Por ejemplo, el enojo, la tristeza y el miedo pueden ser una intensa fuente de motivación, sobre todo cuando surgen del afán de corregir una situación de adversidad, injusticia o inequidad. La tristeza compartida puede unir a la gente. Y la urgencia nacida de la ansiedad (mientras no sea sobrecogedora) puede acicatear el espíritu creativo.

En más de una ocasión nos habremos preguntado qué es lo que determina que algunas personas, independientemente de su cultura, estrato social o historia personal, reaccionen frente a problemas o desafíos de manera inteligente, creativa y conciliadora. ¿Por qué algunas personas tienen más desarrollada que otras una habilidad especial que les permite relacionarse bien con los demás, aunque no sean las que más se destacan por su inteligencia? ¿Por qué unos son más capaces que otros para enfrentar contratiempos o superar obstáculos, y ver las dificultades de la vida de manera diferente? Justamente es la inteligencia emocional la que, según Goleman, da respuesta a este y otros interrogantes. Se trata de una destreza que nos permite conocer y manejar nuestros propios sentimientos, interpretar o enfrentar los sentimientos de los demás, sentirnos satisfechos y ser eficaces en la vida, a la vez que crea hábitos mentales que favorecen nuestra productividad. Otras habilidades que caracterizan a la inteligencia emocional son la suficiente motivación y persistencia en los proyectos, la resistencia a las frustraciones, el control de los impulsos, la regulación del humor, el desarrollo de la empatía y el manejo del estrés.

Una simplificación desmesurada podría llevarnos a pensar que las mujeres tendrían más inteligencia emocional que los hombres debido a su mayor emotividad. Sin embargo, Goleman es claro en este punto: inteligencia emocional

53

no significa dar rienda suelta a los sentimientos, sacar todo afuera, sino, por el contrario, manejar los sentimientos de modo tal de expresarlos adecuadamente y con efectividad, permitiendo que las personas trabajen juntas sin roces, en busca de una meta común.

Cada ser humano, hombre o mujer, tiene fortalezas y debilidades particulares en lo que hace a las dimensiones de la inteligencia emocional. En un estudio citado por Goleman se descubrió que las mujeres, en promedio, tienen mayor conciencia de sus emociones, demuestran más empatía y son más aptas para las relaciones interpersonales. Los hombres, por su parte, se muestran más seguros de sí mismos, se adaptan al estrés con mayor facilidad y lo manejan mejor. Si bien sería aventurado hacer afirmaciones categóricas con respecto a las diferencias entre géneros, lo cierto es que, en el ámbito laboral, la capacidad de generar empatía, entender las propias emociones, la tendencia a conciliar, poner sobre la mesa los sentimientos de los demás y estimular la colaboración se visualizan como comportamientos más espontáneos en las mujeres.

Desde lo biológico-orgánico: el cerebro

Los científicos siguen buscando respuestas convincentes que permitan establecer si las diferencias biológicas entre varón y mujer alcanzan a las estructuras neuronales de uno y otro sexo. En la actualidad, se debate si la conformación cerebral es genética, de origen ambiental o, incluso, cultural. Pero cualquiera sea la posición que defiendan, estudiosos de diversas disciplinas aceptan que entre los hombres y las mujeres existen –más allá de la singularidad de cada individuo– diferencias cerebrales observables, y que pueden derivar de factores genéticos (acción diferencial de los genes codificados en los cromosomas sexuales xx o xy), endocrinológicos (hormonales) y neurológicos, entre otros.

La neurociencia, por ejemplo, plantea que cada persona se desarrolla sobre la base natural de su identidad genética. Existe una plataforma biológica que subyace a la existencia de dos tipos de cerebro: uno masculino y otro femenino[5]. Tanto el crecimiento general como la maduración de algunas zonas cerebrales específicas se manifiestan en las niñas a una edad más temprana que en los niños.

El cerebro femenino y el masculino no solo son distintos en su arquitectura. También lo son en las estrategias que emplean para procesar la información y las emociones, y para elaborar las respuestas. Así, algunos científicos afirman que existen dos modos humanos de percibir la realidad y habitar el mundo.

Estudios realizados mediante resonancia magnética nuclear[6] (RMN) han demostrado que los hombres poseen mayor cantidad de materia gris –células neuronales que procesan información– que los habilita con determinada energía neuronal necesaria para llevar adelante funciones en un área del cerebro: el área lógica. Las mujeres, en cambio, cuentan con mayor cantidad de materia blanca: extensiones nerviosas y axones que conectan los centros de procesamiento de la información, que les permiten integrarla y distribuirla, lo que hace que su actividad cerebral tenga lugar en ambos hemisferios al mismo tiempo. Esto disminuye en ellas la división entre lógica e intuición. Los dos hemisferios cerebrales difieren funcionalmente entre sí durante toda la vida según una determinación genética

---

5. López Moratalla, Natalia: *Cerebro de mujer y cerebro de varón*. Rialp, Madrid, 2009.
6. Helgesen, Sally & Johnson, Julie: *op. cit.*

dada por procesos tempranos de la vida fetal. El hemisferio izquierdo gobierna las acciones del sujeto hacia fuera, respecto del mundo y de los demás. El derecho está más implicado en los estados de atención y reflexión hacia el interior.

La distribución de las áreas funcionales es más simétrica en el cerebro femenino. En este, la estructura que conecta ambos hemisferios es más robusta y por eso interactúan con mayor intensidad que en los varones. Además, el cerebro femenino tiene una mayor cantidad de neuronas involucradas en el procesamiento y la comprensión del lenguaje, mientras que es menor la parte implicada en la percepción del espacio. Por esto, estadísticamente, los varones tienen mayor habilidad para resolver problemas espaciales y orientarse, mientras que las mujeres exhiben mayor fluidez verbal.

El cerebro femenino, biológicamente, es más eficaz a la hora de procesar emociones y señales de alerta, y de responder al miedo y el disgusto. Asimismo, posee mayor superficie involucrada en sopesar opciones y tomar decisiones[7]. Existe una zona del cerebro que desempeña un papel crítico en el desarrollo del aprendizaje emocional, la inteligencia social, la evaluación emocional de los estímulos sensoriales y la formación de la memoria emocional. Esa zona, clave para interpretar las emociones de otras personas, se activa de manera diferente en hombres y mujeres, con un procesamiento de la memoria emocional más activo entre estas. Se explica así tanto el hecho de que las mujeres recuerden con más viveza los acontecimientos, como que sean más vulnerables a situaciones de conflicto interpersonal.

Las mujeres demuestran capacidad para distribuir su atención en distintos quehaceres al mismo tiempo (*multitasking*), y esta característica no es ajena a la vida domés-

---

7. López Moratalla, Natalia: *op. cit.*

tica femenina. Esa experiencia les permite ser capaces de descifrar humores o actitudes y prestar mayor atención a la comunicación no verbal. Por su parte, los hombres aportan alto rigor analítico y claridad, pero suelen pasar por alto información relevante que hace a la comprensión íntegra de la situación o del mensaje en cuestión. La visión de la mujer, aunque a primera vista parezca muy subjetiva, provee un cierto contexto y algunas conexiones inesperadas que aportan a la comprensión más completa de una situación.

Las imágenes provistas por RMN[8] también revelaron que el procesamiento de la información en la corteza cerebral se lleva a cabo de distinta manera entre hombres y mujeres: ellas poseen mayor corteza cerebral –que regula la memoria y la emoción en el cerebro–, por lo cual las emociones son parte misma de la percepción; su habilidad para procesar información se ve fortalecida cuando sus sentimientos se activan. Las mujeres tenderían a descubrir aquello que la lógica y los números dejan fuera, pero que permite visualizar un contexto más amplio. Así las cosas, entonces, cabría pensar que la forma en que hombres y mujeres procesan la información también es complementaria.

Algunos avances de las neurociencias proveen una explicación biológica también para la característica femenina de otorgar mucho valor a las relaciones humanas. El comportamiento amistoso estimularía –tanto en hombres como en mujeres– la liberación de una hormona llamada oxitocina. Aunque esta operaría de igual manera en mujeres y varones, en el caso de los hombres, ante la aparición del peligro y el consecuente aumento de la testosterona –hormona masculina por excelencia–, se bloquearía la acción de la oxitocina. En cambio, en el caso de las mujeres, el estrógeno –hormona femenina por excelencia– estimularía su

---

8. Helgesen, Sally & Johnson, Julie: *op. cit.*

efecto. Esto habla del principal recurso de las mujeres para lidiar con el estrés: la conexión humana.

Lo expuesto indicaría que las estrategias femeninas permiten una mayor participación de la emoción –inteligencia emocional– en los procesos cognitivos. Ahora bien, aunque las diferencias entre varones y mujeres tengan un sustrato biológico, las semejanzas son mucho mayores que las diferencias. La capacidad de sistematizar –más propia del hemisferio izquierdo– y la de empatizar –más propia del derecho– van ligadas de manera coherente en cada persona, aunque generalmente y de manera innata los varones tienden a lo primero y las mujeres, a lo segundo[9].

Las diferentes estrategias de los cerebros no son opcionales sino naturales. De ahí que el análisis cerebral diferencial nos proporciona conocimientos valiosos acerca del carácter personal de unos y otras, y nos permite extraer algunas conclusiones interesantes para analizar las diferencias de género que se suman a aquellas que provienen del campo cultural.

Desde lo social y educativo: volverse mujer

Las diferencias físicas y de comportamiento entre niños y niñas existen y son evidentes. Pueden observarse en roles, conformación física, voz, mirada, nivel de actividad o de energía. No es simple establecer qué diferencias de comportamiento son intrínsecas a cada sexo, y es aún más difícil establecer cuáles responden a diferencias adquiridas a partir de esquemas de género[10].

---

9. López Moratalla, Natalia: *op. cit.*
10. Valian, Virginia: *Why so slow? The advancement of women.* The MIT Press, Massachusetts, 1999.

Un esquema de género es una construcción mental que responde a hipótesis intuitivas sobre comportamientos y preferencias de hombres y mujeres. Tanto niños como niñas adquieren desde su primera infancia (etapa crítica en el desarrollo del ser humano) modelos de pensamiento, actitudes y conductas a partir de cómo sus padres tratan a cada persona de manera particular según su sexo. Algunos ejemplos de esquemas de género pueden parecer obvios, pero no por ello son menos ilustrativos. Aunque los niños y las niñas tienen características intrínsecas diferentes en su apariencia física, sus preferencias de juguetes o formas de juego surgen a partir de la influencia de los padres, del sistema educativo y de la sociedad en general. A muy temprana edad se tiende a estimular a los varones a elegir autos y no muñecas, a vestirse de determinada forma, a practicar juegos de destreza física más violentos o deportes competitivos, y a reprimir la demostración de emociones porque "los hombres no lloran". Por su parte, las niñas juegan a tomar el té y a la mamá, a hacer las compras y las tareas domésticas... juego que se prolonga a lo largo de la vida cuando, "naturalmente", se espera que las jóvenes colaboren con las tareas domésticas. De todas formas, la brecha en los hábitos lúdicos de los varones y las mujeres está evolucionando, especialmente con la creciente incursión de la tecnología en el juego.

Para el momento en que los niños comienzan la escuela, los esquemas de género están prácticamente formados y muchas de las diferencias vinculadas al comportamiento ya han sido establecidas. Los niños saben qué características están asociadas con los varones y cuáles con las mujeres[11]. Así como los estereotipos y esquemas de género están instalados –a veces sin conciencia– entre los padres, los maestros no son ajenos a esto y suelen incitar a los niños a cultivar

---

11. Valian, Virginia: *op. cit.*

determinados comportamientos y penar otros, reforzando esos esquemas.

Este proceso no termina ni se limita a lo educacional. En el transcurso de su vida, la mujer sigue inserta en un medio social donde aún persisten expectativas diferenciales de comportamiento según el género. Esto de algún modo condiciona su conducta y al mismo tiempo alimenta los estereotipos. En el ámbito laboral, por dar un ejemplo, no se puede negar que se mantienen, a veces sin que se expliciten, preferencias o valoraciones vinculadas a comportamientos, actitudes o estilos de vida masculinos. ¿Quién no ha leído avisos de trabajo donde aún se dice "preferentemente hombres"? Y si a lo estrictamente social y doméstico nos referimos, todavía sigue vigente el paradigma publicitario de la mujer en la casa limpiando y dejando todo brillante, o consumiendo productos para permanecer bellas a la vista de los hombres. Estos esquemas de género pueden llegar a encorsetar, limitar, restringir, la enriquecedora y complementaria potencialidad de uno y otro género.

Un aporte adicional: la estrategia de telaraña

A lo largo de los años, los hombres han desarrollado una estrategia de interacción intelectual más bien solitaria desde lo afectivo. Las mujeres, por su parte, partiendo de ciertos principios –cuidado, intuición, el trabajo como parte de sus vidas y la relevancia de las buenas relaciones interpersonales– llevan adelante una estrategia que podría ilustrarse con la imagen de una telaraña[12]. Menos directa, menos enfocada en objetivos específicos, esta estrategia emplea distintos

---

12. Helgesen, Sally: *The female advantage. Women's ways of leadership.* Doubleday Currency, New York, 1995.

métodos para alcanzar diferentes metas, concentrándose en acercar a más personas a ese centro.

A partir de una visión más amplia del mundo, se honran los principios femeninos de inclusión, conexión y responsabilidad. Tejer la telaraña reconoce la importancia de esa sensación tan característicamente femenina de que se es en la medida en que se es parte de un todo mayor, de un continuo entre lo que fue y lo que será. En la actualidad, este modelo inclusivo no es priorizado solo por las mujeres. Cada vez más, las nuevas generaciones parecen incorporar esta visión del mundo que favorece un ambiente laboral amigable, factor crucial que permite mantener altas expectativas en los equipos de trabajo, a la vez que incrementa los niveles de satisfacción, permite retener talentos y mejora tanto la productividad como el compromiso.

¿Cómo construye la mujer su telaraña? Se ubica en el medio de la escena, ocupa el lugar central, el cual define a partir de líneas radiales y puntos de anclaje en una estructura interrelacionada e inclusiva, que conlleva implícitamente la noción de pertenencia a un grupo como una de las instancias más valoradas. Esta es una diferencia importante respecto de la estrategia masculina, donde el valor principal es la búsqueda del éxito individual. Las líneas radiales y los anclajes mantienen la estructura unida como un todo en el que cada punto de contacto es a la vez una conexión. La estructura así concebida facilita la comunicación directa, que fluye en todas direcciones en forma de red, contrastando con el modelo masculino lineal y jerárquico en el que la información circula por canales apropiados, siguiendo la cadena de mandos, para finalmente acumularse en la cima de la pirámide. La estructura de telaraña permite, además, no centralizar las decisiones, evitando la sobrecarga y el estrés y brindando la oportunidad de delegar. Con este modelo, la mujer busca fortalecer los lazos entre las personas

61

de diversas maneras, simplificando la comunicación y poniendo al mismo nivel los medios y los fines. Es un elemento sumamente relevante en la era de las redes sociales y de las relaciones interpersonales cara a cara y virtuales.

Si no se detenta el poder, ¿de dónde emana la autoridad en el modelo de la telaraña? En este modelo, la autoridad se construye, pero no ya sobre la base de una escala jerárquica sino de modos mucho más sutiles como, por ejemplo, la recolección de información. La telaraña permite a la mujer ubicarse en el centro, recibir información de variadas fuentes y hacerla circular en todas las direcciones. Este acceso directo a la información la habilita no solo a ampliar el ingreso sino también a testear la recepción de las decisiones en forma anticipada. También fomenta un enfoque de equipo y hace posible que el líder o la líder de la telaraña no deba recurrir a su rango, autoridad o importancia para representar convincentemente a la organización.

Como ya se indicó, quien ocupa el centro de la telaraña funciona además como diseminador de información, gozando de las mismas ventajas que cuando la recoge: accede a cualquier miembro de la organización sin necesidad de recurrir a canales de comunicación jerarquizados. El dar a conocer la información y el compartirla pueden ser vistos como una herramienta de unión entre los integrantes del equipo de trabajo o incluso de toda la organización.

En una estructura de telaraña, el corazón es el centro, no la cabeza. Quien ocupa esa posición no necesita de aquellos con menor rango para reforzar su estatus porque su autoridad emerge de las conexiones con las personas que lo rodean. Acorta las distancias compartiendo la información, las decisiones y la agenda, al tiempo que encauza, guía y refuerza las relaciones y conexiones. Esta dinámica remite a un tinte educacional bastante femenino, una habilidad que las mujeres suelen tener más desarrollada por el solo ejercicio de su tarea maternal en la vida doméstica y familiar.

Concluyendo

El ser humano es sumamente complejo y resultaría una utopía tratar de entenderlo cabalmente. Tanto las investigaciones científicas como la observación misma de la realidad indican que existen diferencias entre hombres y mujeres, provenientes de características biológicas, patrones educativos y estereotipos sociales. Cuánto se trae y cuánto se adquiere es difícil de determinar. Cuánto depende de la naturaleza propia de cada persona y cuánto es resultado del género, también.

No puede generalizarse, pero hay aspectos cognitivos, comportamientos y actitudes que difieren, complementan y enriquecen recíprocamente a hombres y mujeres. Tampoco puede negarse que estas diferencias afectan la lente con que unos y otras perciben la realidad. El mundo se transforma constantemente, tanto como la multiplicidad de miradas que sobre él se vuelven. Y esa diversidad contribuye al funcionamiento equilibrado de la familia, la comunidad y las instituciones. El desafío es respetar e integrar evitando las etiquetas y la discriminación prejuiciosa. Es necesario despejar y abandonar los estereotipos mediante el desarrollo de nuevas expectativas respecto de las mujeres y los hombres, que les permitan crecer integralmente, sin olvidar que las diferencias existen y constituyen una gran oportunidad de enriquecimiento mutuo. Solo de este modo se favorecerá el desarrollo de los líderes que las organizaciones y la sociedad necesitan para gestionar en el mundo actual, cambiante y complejo.

CAPÍTULO 3

ESTILO FEMENINO:
¿LIDERAZGO O GERENCIAMIENTO?

Durante mucho tiempo el liderazgo fue objeto de especulación e investigación científica. El desarrollo de profesionales con más y mejores cualidades como líderes se convirtió en un objetivo importante para las organizaciones y para la sociedad en general.

El liderazgo no es "una actividad misteriosa", como lo expresó Gardner[1]; es posible describir las tareas que desempeñan los líderes y las capacidades necesarias para llevarlas a cabo. Luego de analizar de manera exhaustiva la literatura referida al tema, Stogdill[2] sugiere que prácticamente existen tantas definiciones de liderazgo como personas que intentaron precisar el concepto: se ha descripto en términos de características individuales, comportamiento, influencia sobre otras personas, patrones de interacción, relaciones de rol y ocupación de un cargo administrativo.

Después de la Segunda Guerra Mundial, las organizaciones comenzaron a crecer, se hicieron más complejas y tuvieron un entorno externo más exigente. A raíz de ese desarrollo, una de las principales controversias que se planteó

---

1. Gardner, John W.: *On leadership*. The Free Press, New York, 1990.
2. Stogdill, Ralph M.: *Handbook of leadership*. The Free Press, New York, 1974.

–y que aún es objeto de investigación académica– fue la posible diferenciación entre liderazgo y gerenciamiento.

Este último enfoque no parece funcionar muy bien en un entorno volátil e impredecible, altamente competitivo y globalizado, ya que, en este marco, la organización y la planificación detalladas se hacen cada vez más difíciles. El énfasis que da el abordaje gerencial a la estructura y los sistemas formales, entre otros aspectos, genera una rigidez que con frecuencia obstaculiza la capacidad de responder con rapidez suficiente ante las nuevas fuerzas competitivas. La inclinación a controlarlo todo desalienta la innovación y la motivación, que parecen ser tan necesarias en los entornos competitivos. El gerenciamiento fuerte sin liderazgo se hace cada vez más burocrático y excesivamente controlador. En épocas de cambios y desafíos continuos, se vuelve imprescindible un liderazgo sólido.

Exista o no acuerdo en que gerenciamiento y liderazgo son dos roles diferenciados, la descripción del enfoque ayuda a entender las cualidades que los niveles de conducción deben desplegar en el mundo actual. Quizá sea más apropiado decir que son dos caras de una misma moneda, que ambas son modalidades de desempeño ejecutivo que deben darse en cualquier ámbito de manera complementaria.

Gerenciamiento y liderazgo: la mujer en el trabajo

¿Por qué se introduce en este libro el planteo diferenciador entre gerenciamiento y liderazgo? Porque el análisis de la relación entre ambos enfoques parecería coincidir históricamente con los inicios del crecimiento de la inserción de la mujer en el mundo del trabajo fuera del hogar. Además, por sus cualidades intrínsecas, lo femenino ofrece una extraordinaria oportunidad para desarrollar culturas más orientadas al liderazgo que al gerenciamiento, función que muchos estudiosos vinculan con estilos masculinos de comportamiento. ¿Coincidencia? ¿Causa y efecto? ¿Casualidad? ¿Hechos aislados? Estos y otros interrogantes serán abordados en este capítulo.

Encuadre teórico del tema

Existen numerosos estudios académicos sobre las diferencias entre estas dos dimensiones del rol ejecutivo: la gerencial y la de liderazgo.

Abraham Zaleznik[3], psicoanalista y profesor de la Harvard Business School, fue uno de los primeros en señalar que los gerentes y los líderes son diferentes desde el punto de vista psicológico, diversidad que se manifiesta en actitudes distintas hacia sus metas, sus carreras, los demás y ellos mismos.

Un gerente es alguien que resuelve problemas y que, para cumplir sus objetivos, necesita a muchas personas trabajando en diferentes niveles de estatus y responsabilidad. En cambio, los líderes son activos; dan forma a las ideas en lugar de responder a ellas. Adoptan una actitud personal y activa hacia las metas e influyen en el entorno, cambiando estados de ánimo y estimulando deseos y objetivos específicos que determinan la dirección que toma el negocio. Además, buscan soluciones aceptables y equilibradas, como punto intermedio entre valores contradictorios. Mientras que los gerentes actúan para limitar las opciones, los líderes trabajan tanto para desarrollar enfoques nuevos que permitan solucionar problemas persistentes, como para ofrecer

---

3. Zaleznik, Abraham: "Managers and leaders: are they different?", en *Harvard Business Review*, Cambridge, mayo-junio, 1977.

otras alternativas frente a las dificultades. Los líderes trabajan desde posiciones de alto riesgo y no solo no temen el peligro, sino que lo buscan.

Los gerentes mantienen un bajo nivel de empatía y participación en la relación con los demás, mientras que los líderes se relacionan de una manera más intuitiva y empática. Los primeros prestan atención a la manera en que se hacen las cosas; los segundos ponen el acento en qué significan los hechos y las decisiones para los participantes.

En síntesis, para Zaleznik[4] los gerentes son personas conservadoras y controladoras que mantienen el orden, que buscan el punto intermedio y que obtienen su valor y su identidad mediante la perpetuación de los sistemas y las organizaciones. Por el contrario, los líderes muestran actitudes activas hacia las metas; son innovadores, motivadores, asumen riesgos y obtienen su valor y su identidad mediante el cambio y la mejora de los sistemas y las organizaciones.

Por otra parte, Warren G. Bennis plantea que "los líderes son personas que hacen lo correcto y los gerentes son personas que hacen las cosas bien"[5]. Para este autor, el problema clave en las organizaciones es que "poseen pocos líderes y muchos gerentes". Los líderes tienen una visión personal poderosa acerca de lo que intentan lograr y manifiestan esa visión a través de sus seguidores, comportándose como gerentes ejemplares de:

- atención (porque atraen a las personas a través de la fuerza de sus intenciones y viviendo su visión con un enfoque apasionado);

---

4. Zaleznik, Abraham: *The managerial mystique.* Harper & Row, New York, 1989.
5. Bennis, Warren G.: "The 4 competencies of leadership", en *Training and Development Journal*, ASTD, Alexandria, VA, 1984.

- significado (porque poseen una habilidad extraordinaria –aunque no necesariamente carismática– para comunicar su visión de manera que los demás la hagan suya y le den un significado personal);

- confianza (porque sus acciones demuestran integridad y coherencia con su visión); y

- autoestima (porque se valoran a sí mismos y a los demás, descreen del fracaso y consideran que el error es una oportunidad necesaria de aprendizaje).

En conjunto, estas cuatro características del liderazgo tienen el efecto de potenciar a los individuos: a) haciéndolos sentirse importantes; b) enfatizando su capacidad de desarrollo y no sus fracasos; c) creando un sentido compartido de comunidad, y d) convirtiendo al trabajo en una tarea emocionante, valiosa y con la que vale la pena comprometerse. El líder "motiva a través de la identificación, en lugar de a través de la seguridad, la recompensa y el castigo"[6].

John Kotter considera que el gerenciamiento y el liderazgo son "dos sistemas de acción distintivos y complementarios; cada uno tiene su propia función y sus actividades características"[7]. Estas funciones no son excluyentes: una persona con la experiencia y las habilidades necesarias está en condiciones de desempeñar ambas en ciertas situaciones. Pero, a la vez, el gerenciamiento y el liderazgo pueden ser diferentes. Los procesos clave del gerenciamiento son la planificación, la preparación del presupuesto, la organización y el control. La misión del liderazgo es producir un cambio fijando una dirección y desarrollando una visión de

6. Bennis, Warren G. & Nanus, Burt: *Leaders: the strategies for taking charge.* Harper & Row, New York, 1985.
7. Kotter, John P.: "What leaders really do", en *Harvard Business Review*, Nº 3, Cambridge, mayo-junio, 1990.

futuro junto con estrategias para producir los cambios. Para lograr la visión, el liderazgo alinea a las personas. Este es un desafío de comunicación: debatir sobre la nueva dirección con quienes puedan crear coaliciones comprometidas con ese logro. Hay otros grandes desafíos, como la credibilidad –hacer que las personas crean en el mensaje– y la creación de redes sólidas de relaciones informales. Finalmente, lograr una visión compartida también requiere motivar e inspirar: hacer que las personas se muevan en la misma dirección apelando a necesidades, valores y emociones humanas básicas, tales como el sentido de pertenencia, el reconocimiento, la autoestima, el control sobre la propia vida y la habilidad de vivir de acuerdo con los propios ideales.

En síntesis, para Kotter, el "liderazgo eficaz para una actividad en las organizaciones complejas es el proceso de crear una visión de futuro que tenga en cuenta los intereses a largo plazo de los individuos que participan en la actividad, de desarrollar una estrategia racional para avanzar hacia esa visión, de obtener el apoyo de los centros clave de poder cuya cooperación, cumplimiento o trabajo en equipo es necesario para producir ese movimiento, y de motivar con vehemencia a ese grupo central de personas cuyas acciones son esenciales para implementar la estrategia"[8].

Desafíos de los líderes hombres y mujeres

Las investigaciones sobre el tema explicitan los desafíos que se les presentan a los líderes, hombres o mujeres, desde perspectivas muy variadas. En líneas generales, podrían resumirse en cinco ejes principales:

---

8. Ídem.

1. *Desarrollar una visión a largo plazo.* Los líderes definen una dirección para el futuro junto con las estrategias para el logro de la visión, que tiene en cuenta todas las fuerzas pertinentes de la organización y el contexto[9]. Ponen el énfasis en fijar e interpretar las metas[10]. Esto requiere adoptar "actitudes personales y activas hacia las metas" y "trabajar desde posiciones de alto riesgo"[11]. Ponerse una meta, asumir riesgos: si bien los hombres tradicionalmente desempeñan ese rol, las mujeres lo están haciendo desde el momento en que deciden incursionar en la carrera ejecutiva.

2. *Fijar una agenda para el cambio*[12]. Una fortaleza de los líderes es su habilidad para cambiar, innovar y crear. Son motivadores, asumen riesgos, trabajan para desarrollar enfoques nuevos y generan valor mediante el cambio y la mejora de los sistemas y las organizaciones[13]. El proceso de renovación implica la revitalización de las creencias y los valores compartidos[14]. El objetivo es crear culturas organizacionales en las que los individuos puedan encontrar un sentido, una meta y un desafío en su trabajo[15]. La mujer cambia, se adapta, aprende para poder incorporarse a un mundo laboral competitivo e históricamente muy distinto al habitual. Debe recrear el espacio de trabajo de manera de acomodarlo a su propia naturaleza.

---

9. Kotter, John P.: *op. cit.*
10. Gardner, John W.: *op. cit.*
11. Zaleznik, Abraham: *op. cit.*
12. Kotter, John P.: *op. cit.*
13. Zaleznik, Abraham: *op. cit.*
14. Gardner, John W.: *op. cit.*
15. Bennis, Warren G.: *op. cit.*

3. *Crear redes para lograr la visión.* Esto implica ver a los empleados como "individuos que asumen responsabilidades con motivación y que responden ante la motivación, la orientación y el respeto"[16]. La creación de redes requiere comunicar la visión, haciendo que las personas la sientan como propia y le den un significado personal[17]; delegar tareas significativas; desarrollar las habilidades y el conocimiento de los empleados; respaldar el trabajo de los colaboradores. La consecuencia sería el compromiso y el fortalecimiento de los individuos[18] y el logro de una unidad de trabajo[19]. Pero los resultados dependen en gran medida del nivel de confiabilidad y coherencia que alcancen los líderes[20], porque eso es lo que determina que las personas crean en el mensaje[21]. La capacidad femenina de crear redes de índole variada (doméstica, comunitaria, familiar, laboral, personal) les facilita a las mujeres afrontar este desafío. Además, ellas cuentan con habilidades relacionales y comunicacionales indispensables para este fin.

4. *Inspirar y motivar a los colaboradores.* Los líderes hacen que los seguidores se identifiquen con ellos por su talento y su visión[22]. Ejercen influencia mediante la fijación de objetivos que determinan la dirección del negocio[23]. Motivan e inspiran a los seguidores

---

16. Mc Gregor, Douglas: *op. cit.*
17. Bennis, Warren G.: *op. cit.*
18. Ídem.
19. Gardner, John W.: *op. cit.*
20. Bennis, Warren G.: *op. cit.*
21. Kotter, John P.: *op. cit.*
22. Weber, Max: *op. cit.*
23. Zaleznik, Abraham: *op. cit.*

para que trabajen a partir de esa visión y de sus objetivos[24]. Estimulan la necesidad de mantenerse actualizados[25]. Los líderes motivan a través de la identificación, en lugar de mediante recompensas o castigos[26]; expresan respeto y valoración.

¿Qué sucede cuando un gran porcentaje de jóvenes que se incorporan al mundo laboral son mujeres con altas aspiraciones? Es aquí donde la mujer líder tiene un rol clave: convertirse en modelo creíble y válido que estimule en las nuevas generaciones la identificación y el compromiso.

5. *Gestionar equipos de trabajo altamente motivados y efectivos.* Implica atraer a buenos empleados, identificar tempranamente a los individuos con potencial de liderazgo, retenerlos a través de herramientas variadas, orientarlos y acompañarlos para que desarrollen sus capacidades de liderazgo. Educar y formar aparecen también como tareas perentorias por lo cambiante de las funciones, pero también por la necesidad de acompañar la maduración de las nuevas generaciones. ¿No es esta una cualidad innata de la mujer, propia de su rol maternal natural?

La mujer líder

Las características de un líder menos gerenciador son las apropiadas para responder a las exigencias de un mundo competitivo, altamente globalizado, interconectado e impredecible. El desafío es mayúsculo porque los cambios

---

24. Burns, James Mac Gregor: *op. cit.*
25. Kotter, John P.: *op. cit.*
26. Bennis, Warren G.: *op. cit.*

permanentes y acelerados que se dan fuera y dentro de las organizaciones, generan funciones nuevas que los líderes deben desempeñar y para las cuales necesitan habilidades, actitudes y conocimientos diferentes. Es en este entorno que justamente las mujeres comenzaron a desarrollarse profesionalmente y a ocupar posiciones de mayor responsabilidad. Muchas de dichas características parecerían responder a cualidades que las mujeres ponen de manifiesto en los ámbitos de negocio.

Entre las cualidades del estilo de liderazgo femenino valoradas actualmente se encuentran las vinculadas con las habilidades interpersonales: aptitud para desarrollar buenas relaciones de trabajo, empatía, comprensión de las necesidades de los seguidores, sensibilidad hacia las personas y capacidad para emplear la confrontación como herramienta para la construcción de compromiso y unidad. La capacidad de comunicación verbal y no verbal que caracteriza a la mujer es un instrumento fundamental para motivar, delegar, facultar, pedir apoyo y generar confianza.

Produce un fuerte valor agregado su espontáneo estilo democrático, dialogante, pedagógico, constructor de consensos y mediador: la predispone a delegar y estimular la participación. La capacidad de identificar desafíos y oportunidades de innovación, creación, cambio y mejora la coloca en un lugar privilegiado a la hora de resolver una gama amplia de problemas y de manejar un sinnúmero de variables simultáneamente, tanto interpersonales como de gestión, estratégicas y tácticas, propias del trabajo y de otras dimensiones de la vida.

Esto requiere flexibilidad en el enfoque de trabajo de manera de balancear la orientación a la tarea, a los problemas y a las personas. El liderazgo orientado a las tareas significa desempeñar efectiva y eficientemente las responsabilidades esenciales. El liderazgo centrado en los problemas implica gestionar cambios y nuevas exigencias para tomar una posición activa en el contexto. Finalmente, y muy importante, la orientación a las personas consiste en lograr los objetivos no de cualquier manera, sino involucrando a la gente y cuidando su satisfacción y desarrollo.

Las mujeres incluyen la parte emocional también en el trabajo. En general están más capacitadas para tener en cuenta el lado humano de las personas, desarrollando para ello sus dotes intuitivas naturales. Otras cualidades, quizás más propias de los varones, son de una gran relevancia también en el ejercicio del liderazgo y deben complementarse: foco, análisis racional, capacidad de entablar redes laborales, mente aguda, entre otras.

Según el estudio hecho por Helgesen[27], el liderazgo femenino se expresa en un estilo de dirección particular, caracterizado por el cuidado y la ayuda. Para ellas lo principal en la organización es "mantener las buenas relaciones", crear un clima de satisfacción y compromiso, donde predomine el apoyo mutuo. Tienen muy en cuenta la elección de las palabras y la manera de comunicarse para no herir a los que les rodean, a los compañeros y compañeras de trabajo, y, especialmente, a quienes están a sus órdenes. Tratan de estructurar sus organizaciones en forma de "redes" en lugar de como un esquema jerárquico, lo que permite que la información fluya en múltiples direcciones.

Más allá de las caracterizaciones, lo importante es que la mujer cuente con una amplia variedad de recursos de liderazgo, de manera de desplegar aquellas características más apropiadas a cada contexto, naturaleza de los seguidores, situación del negocio, etc.

---

27. Helgesen, S.: *The female advantage: women's ways of leadership*. Doubleday Currency, New York, 1995.

Un estilo más masculino

Existen varios casos de mujeres que ejercen cargos de poder o influencia en las empresas y en espacios públicos y que no son precisamente ejemplos del tipo de liderazgo descripto anteriormente. Para adaptarse al entorno se comportan de manera más dura e implacable que muchos hombres, ya sea por personalidad o por imitación de modelos masculinos. Se debe entender que en la sociedad actual, tal como está organizada, a las pocas mujeres que acceden al poder se les exige –o ellas lo suponen así– que demuestren su capacidad de "ser" como los hombres. Para llegar a esos cargos, han tenido que socializarse en una cultura machista y desarrollar patrones masculinos, así como mimetizarse con conductas y actitudes masculinas que la sociedad les ha hecho ver como las adecuadas para conseguir el éxito. Han debido emplear los mismos métodos –o, incluso, más rigurosos– que los utilizados por sus competidores hombres. De lo contrario, no hubieran sido admitidas. Pero, paradójicamente, si se presentan como muy firmes y directas se las considera agresivas o con demasiadas aspiraciones, y si se desenvuelven en forma femenina se las etiqueta de débiles y poco exigentes. No hay duda de que el único camino válido, tanto para mujeres como para varones, es ser auténtico, genuino, fiel a las propias cualidades y abierto al aprendizaje.

Profundizando en el liderazgo femenino

Más allá de las particularidades de cada ser humano, las mujeres tienden a un estilo de liderazgo interactivo, cooperativo, inclusivo y personal, como describe Judy B. Rosener[28].

---

28. Flower, Joe: "Differences make a difference. Excerpts from a conversation with Judy B. Rosener", en *The Healthcare Forum Journal*, Vol. 35, N° 5, San Francisco, 1992.

Ya en la década de 1980, Loden[29] identificaba ocho áreas donde podían observarse las diferencias del estilo de gestión femenino respecto del masculino:

a) Uso del poder: las mujeres tienden más a empoderar a los otros que a acumular poder personal.

b) Resolución de problemas: las mujeres pueden integrar adecuadamente intuición y racionalidad.

c) Habilidades interpersonales: las mujeres saben escuchar y generar empatía.

d) Grupos de trabajo: las mujeres utilizan las habilidades de los miembros del equipo.

e) Dirección participativa: las mujeres están centradas tanto en el grupo de trabajo como en la organización como un todo.

f) Asunción de riesgos: las mujeres asumen riesgos para perfeccionar la actividad.

g) Atención a la diversidad: intentan tomar en consideración las características personales de cada individuo con el que interactúan.

h) Resolución de conflictos: las mujeres buscan soluciones beneficiosas para todos.

i) Desarrollo profesional: se involucran activamente en el trabajo de sus colaboradores, buscando el desarrollo grupal.

---

29. Loden, M.: *Dirección femenina: cómo triunfar en los negocios sin actuar como un hombre*. Editorial Hispano Europea, Barcelona, 1987.

Sally Helgesen[30] retomó los datos de una investigación de Henry Mintzberg realizada en 1986 acerca del comportamiento de hombres líderes, para realizar su propio estudio sobre las diferencias entre aquella descripción y la forma en que lideran las mujeres. Algunas de las divergencias entre el desempeño laboral de hombres y mujeres mencionadas en distintos estudios dan cuenta de formas de liderazgo disímiles pero también complementarias.

Los hombres, inmersos en un ámbito corporativo masculino, donde el progreso es una meta vital y hasta de supervivencia, e identificados con su posición laboral y su estatus, se preocupan mucho por el lugar al que su carrera los conduce. La meta primordial es llegar a la cima de la organización en el menor tiempo posible, sacrificando lo que sea necesario. Haciendo foco en el cumplimiento de los objetivos, es probable que los hombres, en general, no presten demasiada atención a su tarea diaria, a la calidad de su experiencia del día a día, al transcurrir de esa tarea que se lleva a cabo para cumplir esos objetivos, a las relaciones interpersonales. Parecería que la persecución de lo que se percibe como una meta les dificultara la posibilidad de dedicar tiempo a temas personales. Esa meta y esa jerarquía, que se consiguen a fuerza de sacrificio del tiempo familiar, aislamiento intelectual, agotamiento físico, constituyen el precio a pagar para lograr el éxito. Es en esa posición que reciben información de su red de contactos, pero se encuentran con la dificultad de compartir esa información, dado que el foco está puesto en el logro de objetivos y en la presión del día a día.

Históricamente los hombres solían dedicar poco tiempo a las actividades no relacionadas con el trabajo u ocupaban el tiempo personal en tareas profesionales. Sin embargo,

---

30. Helgesen, Sally: *op. cit.*

en este aspecto se está dando un cambio muy valioso tanto para ellos como para sus familias, al dedicar más tiempo y atención a la vida doméstica y familiar, como dimensiones también importantes para su realización personal.

Por otra parte, para la mujer, los sentimientos, lo emocional, juegan un rol preponderante en su vida tanto familiar como laboral. Habla, imagina y percibe el mundo que la rodea de distinta forma que el hombre. Cultiva y acrecienta las buenas relaciones interpersonales y el buen clima organizacional, prioritarios en la visión femenina, más empática, más preocupada por el *feedback* y el intercambio, por la participación en equipo, por la motivación de las personas, por la valoración de los aportes de otros.

A lo largo de su vida laboral, las mujeres suelen mantener un ritmo estable, con breves descansos programados, establecidos de manera tal de poder incorporar pequeños tiempos para minimizar el estrés y disminuir el impacto de los eventos fuera de agenda. Partiendo del hecho de que están dotadas para unir, proteger y cuidar a otros, buscan no sentirse sobrecargadas con tareas diarias a fin de ser versátiles ante los imprevistos y accesibles especialmente a los subordinados inmediatos, siempre fieles a ese principio femenino de la preocupación –y la prioridad– por mantener las buenas relaciones interpersonales y el buen clima de trabajo.

Las mujeres –multifacéticas– tienden a cultivar el tiempo familiar como prioritario. Por supuesto, también dedican tiempo a clientes y colegas, pero sin desatender la compleja red de relaciones con personas fuera del trabajo.

Y esto se vincula con la imagen que ellas tienen de sí mismas, porque perciben su propia identidad como compleja y multifacética, donde la posición laboral es solo un aspecto más. No se identifican solamente con su carrera sino que pueden integrarla como parte de sus vidas. Esto les permite mantener cierta distancia del puesto de trabajo y las habilita a desempeñarse en otras actividades y adoptar otros roles dentro y fuera del ámbito laboral. Le otorgan valor a su calidad de vida y no están dispuestas a perderla en pos de un logro o un objetivo laboral. Esto no implica descuidar sus responsabilidades. Al contrario, el balance contribuye a la productividad, la creatividad y el crecimiento.

La maternidad puede ser una muy buena escuela, ya que para ello se requieren habilidades que resultan útiles a la hora de liderar: organización, ritmo, resolución de conflictos, seguimiento, manejo de problemas, guía, educación, información. Entonces la vida doméstica se vuelve un aporte para la vida laboral, incrementando la capacidad de realizar varias tareas a la vez, la adaptación a la hora de enfrentar cambios, la tolerancia a la frustración, la paciencia, la capacidad de almacenar y procesar la información, la flexibilidad y hasta la formación de colegas.

Concluyendo

El mundo laboral ha evolucionado y, con él, la noción de liderazgo. Hoy se valora positivamente la menor rigidez jerárquica, la movilidad laboral, la innovación, la amplitud de visión respecto de los talentos, las relaciones interpersonales y comunicacionales, la capacidad de pensar de modo creativo. Se busca complementar la función del gerenciamiento controlador y organizativo con un liderazgo abierto e inclusivo. Lograr un balance entre ambos es imprescindible. ¿Cuánto énfasis poner en gerenciar y en liderar? Eso dependerá del contexto y las circunstancias. La sensibilidad de la mujer y su intuición son atributos naturales que le permiten percibir cuándo y cómo desplegar ambos enfoques, así como buscar ayuda en quienes pueden complementar sus fortalezas.

De todos modos, hoy la ventaja competitiva duradera proviene, entre otras cosas, de un cambio que conduzca a un estilo de liderazgo visionario, empático, creativo y flexible. Las mujeres se han insertado en el ámbito del trabajo cuando esta mirada de la función directiva se comienza a reforzar. Y si bien aún es limitado el acceso que tienen a las posiciones de decisión, están muy bien preparadas gracias a sus cualidades particulares. Entre otras:

* capacidad de ejecutar más de una tarea a la vez (*multitasking*);

* orientación a desarrollar relaciones y a fomentar el trabajo en equipo;

* propensión a delegar y educar a colegas;

* conciencia de la motivación intrínseca, evaluando el panorama no solo por los resultados sino también por la satisfacción personal que produce;

* pasión por el trabajo, exigencia personal y deseos de superación, que provienen de querer aprovechar y no perder la oportunidad que se les presenta de desempeñar funciones de conducción; y

* preocupación por el desarrollo profesional sin desatender necesidades y tiempos familiares.

Pero la clave se encuentra en respetar los atributos propios de cada género, en sumar más que en restar, en ser auténtico y respetuoso, flexible y abierto a las diferencias. Las mujeres pueden aprender mucho de los hombres que tanta historia tienen en las organizaciones. La confianza en sí mismos, la seguridad en la toma de decisiones, la fuerte orientación a los resultados, su mirada sistémica de los negocios, sin duda pueden engrandecer el liderazgo femenino.

La riqueza proviene de sinergizar las fortalezas y complementar las debilidades. La colaboración mutua permitirá que nuevos y mejores espacios de liderazgo se abran a las futuras generaciones de líderes mujeres y varones.

CAPÍTULO 4

MUJER Y LIDERAZGO:
¿OBSTÁCULOS U OPORTUNIDADES?

El ingreso de la mujer en el mundo de los negocios se produce desde hace ya varias décadas, mientras que es cada
vez mayor la población femenina en las universidades,
incluso en carreras tradicionalmente consideradas para
hombres. Sin embargo, si bien hoy en día las mujeres no
solo son vistas como amas de casa y las nuevas generaciones forman familias con equilibrados roles domésticos, los
varones parecen seguir ocupando en mayor proporción
las posiciones de liderazgo[1]. ¿Qué explicación hay para
esto?

Los científicos sociales aseguran que las causas deben
ser estudiadas desde su disciplina[2]. Los psicólogos enfati-
zan la existencia de estereotipos; los politólogos apuntan a
las diferencias en la forma de ejercer el cargo de líder; los
sociólogos estudian la división del trabajo y la segregación
ocupacional; los especialistas en management analizan las
normas y prácticas de las organizaciones, y los economis-

---

1.   Tarr-Whelan, Linda: *Women lead the way. Your guide to stepping up to leadership and changing the world.* Berrett-Koehler Publishers, San Francisco,
2009.
2.   Eagly, Alice H. & Carli, Linda L.: *Through the labyrinth. The truth about how
women become leaders.* Harvard Business School Press, Boston, 2007.

tas examinan el valor del capital humano en los mercados laborales. La realidad es que no hay una única explicación sobre el ascenso parcial de las mujeres a los puestos de liderazgo.

En la actualidad, la exclusión de las mujeres talentosas también es mal vista por algunos hombres, que ya no incitan a sus parejas a dedicarse exclusivamente a la familia y que, cuando tienen hijas calificadas dentro del mercado laboral, esperan que desarrollen una carrera exitosa[3]. Pero aún así la representatividad femenina en puestos jerárquicos continúa siendo baja.

Muchas quedan en el camino

La cuestión de las diferencias de los estilos de liderazgo femenino y masculino viene ocupando un lugar creciente en el campo laboral y, sin embargo, históricamente esas diferencias fueron consideradas un déficit de la mujer. Hacia fines del siglo XX ha comenzado a comprenderse el valor de los atributos femeninos y la contribución que implican para el mundo laboral, ya que aportan complementariedad, rasgo que se aprecia particularmente. Sin embargo, aunque los conceptos de "piso pegajoso" o "techo de cristal"[4] no son nuevos, no han perdido vigencia.

---

3. Ídem.
4. La expresión "techo de cristal" hace referencia a un límite superior "invisible" en el desarrollo laboral de las mujeres, difícil de traspasar y que obstaculiza su carrera profesional. Es invisible porque no existen leyes o dispositivos sociales establecidos y oficiales que impongan una limitación explícita. El término apareció por primera vez en un artículo de los EE.UU., en 1986. Describía las barreras invisibles a las que se ven expuestas las mujeres trabajadoras calificadas, que les impedían alcanzar los niveles jerárquicos más altos en el mundo de los negocios, independientemente de sus logros y méritos. En la misma línea, se denomina "suelo

Se calcula que en Iberoamérica ocupan puestos de mandos medios entre un 30% y 40% de las mujeres registradas en el mundo laboral empresarial, y se estima que menos de un 10% llega a las posiciones de máxima decisión. Muchas de las mujeres talentosas se quedan en el camino y los estereotipos masculinos se perpetúan[5], pero no existe una única razón para esto. Varios son los obstáculos que llevan a que una menor cantidad de mujeres ocupen puestos de liderazgo. Estas barreras tienen su base en prejuicios, estereotipos, modelos sociales, económicos, psicológicos y hasta generacionales[6].

Ausencia de modelos a seguir

La escasez de mujeres líderes, la dificultad para encontrar mentores y la menor experiencia en este tipo de puestos son datos insoslayables. Esta situación muchas veces obliga a las mujeres a oscilar entre dos modelos de comportamiento a la hora de ocupar una posición de liderazgo, pero ninguna de estas alternativas será satisfactoria a los ojos evaluadores del mercado laboral. La primera opción es mostrar conductas y actitudes similares al liderazgo masculino, lo que conduce a que sean consideradas como insensibles, demasiado asertivas, y terminan por ser mal vistas o criticadas. La segunda opción es mostrar empatía, intuición, preocupación

---

pegajoso" a las fuerzas que mantienen a mujeres atrapadas en la base de la pirámide económica. Suele aludir al trabajo maternal, conyugal y doméstico, los cuales generan una "adhesividad" que dificulta o impide su salida y realización personal fuera del ámbito familiar.

5. Debeljuh, Patricia y Las Heras, Mireia: *Mujer y liderazgo*. LID Editorial, Buenos Aires, 2011.
6. Rezvani, Selena: *The next generation of women leaders*. ABC-CLIO, Santa Bárbara, 2010.

por el otro –cualidades específicamente femeninas–, y entonces se arriesgan a ser juzgadas como personas carentes de decisión y autoridad.

La búsqueda de un estilo propio, compatible con la demanda y exigencias del ámbito del trabajo y fiel a los valores y las características femeninas, es indispensable pero, en la medida en que pocas mujeres ocupen lugares de jerarquía, seguirán siendo escasos los modelos de liderazgo femenino que puedan seguirse. Hoy, muchas mujeres que logran abrirse camino hacia las posiciones más altas pagan el precio de seguir ciertos patrones establecidos, en detrimento de sus intereses personales y familiares.

Compatibilizar vida laboral y familiar

En el caso de las mujeres, las demandas del trabajo imponen un mayor desafío porque, entre otras cosas, cada vez más su ciclo biológico y familiar y su ciclo laboral coinciden en momentos clave. Datos estadísticos de Latinoamérica muestran que este es el principal obstáculo para las mujeres a la hora de desarrollar una carrera ejecutiva[7].

Llevar adelante exitosamente una carrera y una familia requiere una fuerte negociación en un momento clave de la vida, en el que las presiones de una se mezclan con las demandas de la otra. Es el momento en que se presenta "el principal desvío en el laberinto", como plantean Eagly y Carli[8].

Integrar la vida familiar y la vida laboral no es simple, suele escasear el apoyo necesario para lograrlo, tanto en casa como en el ámbito de trabajo. Las responsabilidades

---

7. Debeljuh, Patricia y Las Heras, Mireia: *op. cit.*
8. Eagly, Alice H. & Carli, Linda L.: *op. cit.*

laborales impactan en el funcionamiento doméstico y, asimismo, este incide en la dinámica del trabajo. El armado de la agenda, los horarios de trabajo y la demanda laboral influyen en la disponibilidad emocional y en el espacio familiar. Muchas veces se tiende a creer que el trabajo flexible o remoto son concesiones generosas y positivas –y en general lo son–, pero es necesario observar que en algunos casos esta modalidad de trabajo lleva a una intensificación de la vida laboral, instiga a una especie de guardia permanente, para compensar el tiempo que, se presupone, no se dedica al trabajo. Muchas veces la ausencia de límites fijos entre lo laboral y lo personal afecta negativamente la calidad de la vida familiar y del tiempo compartido con los hijos.

Históricamente, las mujeres han sido educadas para su rol de madres y esposas, y es sobre esa base que cobra relevancia la interacción entre trabajo y familia. Surge, entonces, un dilema de creencias y cosmovisiones. Hay mujeres que entienden que es perfectamente posible compatibilizar la vida en familia y el desarrollo laboral. Otras lo intentan, pero lo viven con culpa, con estrés, sienten que no dedican suficiente tiempo a ninguna de las dos responsabilidades. Y finalmente, están las que consideran que carrera y familia son términos antitéticos, incompatibles, de manera que o bien optan por permanecer fuera del ámbito laboral, o bien deciden no experimentar la maternidad para evitar cualquier obstáculo en su carrera.

Todavía persisten sociedades, industrias y organizaciones en las cuales la decisión de promoción de una mujer es evaluada sobre la base de si sus responsabilidades como madre interferirán con su trabajo. Y si bien las mujeres continúan siendo el centro de la vida familiar –con toda la carga que esto implica en términos de dedicación–, la realidad es que, muchas veces, la solución para no perder talentos que sumarían y harían un aporte valioso a los negocios está al alcance de la mano.

87

El argumento, tantas veces mencionado, de que las responsabilidades familiares limitan el desarrollo laboral contribuye a mermar el poder, la experiencia, la cantidad de horas dedicadas al trabajo y la autoridad femenina en el puesto[9], situación que lleva a que los hombres cuenten con mayor experiencia, exposición, disponibilidad y, consecuentemente, mayores oportunidades de ascenso. Lo antedicho, sumado a una innegable y natural discriminación aún latente, no hace más que distorsionar el mercado laboral y su potencial.

Alejamiento temporal por maternidad

Si bien hoy muchas mujeres buscan balancear lo profesional y lo familiar, hay un punto en el camino en que esas dimensiones se entrecruzan y entran en conflicto: la maternidad. ¿Cuántas mujeres vuelven al trabajo luego del nacimiento de un hijo y cuántas horas trabajan las que lo hacen? ¿Cuántas no vuelven? Es que en ese momento –y durante la infancia temprana– aparecen responsabilidades de crianza, lactancia, dedicación, que tornan casi indispensable la presencia de la mamá en su hogar.

La manera en que cada mujer encara esta encrucijada también varía según la etapa de la vida que atraviesa. "¿Cuál es mi objetivo?", se pregunta. De acuerdo con algunas investigaciones académicas, el interrogante cobra más fuerza entre los treinta y los cuarenta años, década clave de la vida en la que las capacidades de ascenso profesional coinciden, en el caso de las que eligieron tener una familia, con la crianza de hijos pequeños. ¿Es posible ascender con un niño pequeño? No queda claro. Un estudio realizado en

---

9.   Ídem.

los Estados Unidos señala que entre los 25 y los 29 años las mujeres ganan el 87% de lo que ganan los varones, y que esa brecha aumenta cuando empiezan a tener hijos. De ahí en más, los ingresos se desploman a tal punto que las trabajadoras llegan a los 44 años ganando el 71% de los ingresos de los varones, según señala Lidia Heller[10].

Pero más allá de que se lo cuestionen permanentemente, en general las mujeres terminan por asumir todas las responsabilidades laborales, domésticas y familiares, sin darse cuenta de que –por más que se esfuercen y sean muy capaces– puede acarrearles estrés y el descuido de su carrera. Aunque ambos géneros descubran, valoren y decidan desarrollar una vocación profesional, la tensión entre las responsabilidades profesionales y familiares no se da en la misma medida en la psiquis del hombre, que todavía sigue considerando que su misión prioritaria es la de ser proveedor económico de la familia, como sostienen Debeljuh y Las Heras[11].

La necesidad de la mujer de asumir compromisos laborales sin desentenderse de los domésticos llevó a que el hombre tomara mayor responsabilidad con respecto a su propia dedicación a la familia, la distribución de tareas del hogar y el cuidado de los hijos, aunque estas responsabilidades compartidas no son equitativas ni en tiempo ni en forma.

Esto podría responder a:

- factores demográficos, como cambios en la estructura familiar, crecimiento de la esperanza de vida con la consecuente modificación del rol de los

---

10. Heller, Lidia: *Voces de mujeres: actividad laboral y vida cotidiana*. SIRPUS, Barcelona, 2008.
11. Debeljuh, Patricia y Las Heras, Mireia: *op. cit.*

DESARROLLO Y COACHING DE MUJERES LÍDERES

abuelos, cuya actividad personal se prolonga y no están siempre dispuestos a abocarse tiempo completo a sus nietos;

- dificultad para afrontar económicamente o encontrar ayuda externa para colaborar en el hogar; mayor aceptación social de la dedicación del hombre a su rol paternal;

- decisión de la mujer, con el apoyo de su pareja, a "soltar las riendas", dejar de controlar todo y delegar en otros aquellas tareas que no las requieren específicamente (y este es un aspecto sobre el que las mujeres deberíamos reflexionar).

De todos modos, gran cantidad de mujeres deciden dejar el mercado laboral con la llegada de la maternidad y dedicarse exclusivamente a sus hijos. Por otra parte, muchas desean desarrollarse profesionalmente –además de tener una familia e hijos–, a pesar de que esto no responda a una necesidad económica. En muchos otros casos son necesarios dos ingresos para solventar a una familia, y son cada vez más frecuentes los casos de madres solas, para las cuales no volver al trabajo deja de ser una opción. Paralelamente, la postergación de la búsqueda de un embarazo e incluso la decisión de no tener hijos son un fenómeno creciente en la sociedad moderna.

No obstante, las mujeres suelen verse excluidas de puestos jerárquicos por el temor de su empleador, supervisor o cliente a una futura maternidad que las aleje cierto tiempo de la vida laboral, disminuya su productividad, incida en su desempeño o las inhabilite de alguna manera, más allá de su talento. Son relegadas de las redes informales de contacto, lo que provoca un aislamiento que les dificulta su ascenso laboral.

Estas decisiones, en muchos casos, no carecen de cierto sustento aparente: muchas mujeres de alto nivel educativo deciden dejar su puesto temporalmente a raíz de la maternidad, asumiendo plenamente el riesgo de que su carrera se dilate, pero esto no mina la productividad, la alta capacidad de respuesta ni, una vez reincorporadas a su puesto, la avidez por recuperar el tiempo perdido. Pero, aun cuando se hace evidente que al volver al trabajo han ganado en madurez y desarrollado en el seno familiar competencias muy valiosas, el ámbito laboral (marcadamente masculino) sigue viendo ese alejamiento temporal como un obstáculo.

Esta situación podría transformarse en un círculo vicioso. Las mujeres se ven empujadas a tomar la decisión de postergar su desarrollo profesional porque el mercado impone trabas a la compatibilización de responsabilidades laborales y familiares, y esto a su vez refuerza su visión de que "no se puede".

Una de las formas de romper con ese círculo es que exijan calidad y simetría en su relación con el hombre en la pareja y demanden que se optimicen las condiciones de su trabajo. Esto estimularía la generación de modelos de mujeres que logran tener la carrera que se plantean como objetivo y formar el hogar deseado, con o sin hijos.

Así se beneficiaría no solo a la mujer, sino también al padre, que se vería impulsado a compartir más tiempo con su familia (muchos hoy lo hacen por decisión y deseo propios), y a los hijos, que necesitan para un sano crecimiento tanto la figura materna como la paterna.

Por último, vale destacar que el rol de la mujer conlleva (dedicación completa o no) atención y cuidado de los hijos, de la pareja, de los padres, de los amigos. Pero en general lo más postergado, lo último en la lista de prioridades, pasa a ser el cuidado personal, indispensable para ejercer todos esos roles manteniéndose sana, plena y aportando un ejemplo de vida.

La llegada de los hijos

La vida cambia para siempre. Aparecen nuevas gratificaciones y también preocupaciones, el manejo de agenda se modifica. Implica un cambio de paradigma al que lleva tiempo acomodarse.

Hay tantas maneras de vivir y afrontar los desafíos como madres e hijos existen. Cada mujer, pareja y niño es un mundo diferente. Las anécdotas que las mamás pueden contar son innumerables, pero alivia saber que en el fondo las situaciones que viven son similares. Todas sienten temor de no poder retornar al trabajo y retomar todas las obligaciones previas al nacimiento, y miedo de descuidar el bienestar del pequeño. Para resolverlo, mucho ayuda hablar con madres exitosas profesionalmente que han atravesado satisfactoriamente la misma experiencia.

Lo que no me dijeron

Nos cuentan o "escuchamos" acerca de lo maravilloso que es tener un hijo, pero poco nos advierten sobre los llantos, el dolor, la melancolía del puerperio, las discusiones de pareja sobre cómo cuidar al niño, las preocupaciones por el incremento de los gastos, la falta de sueño, el cuerpo que se modifica, el aislamiento social, la falta de tiempo hasta para bañarse, las visitas que vienen de paseo y a dar sugerencias contradictorias más que a ayudar, los desajustes en las comidas y mucho más. Y ni hablar si hay hijos mayores: ¡se vuelven más demandantes que nunca! ¿Será que finalmente el balance es tan bueno que todo esto se olvida? Por supuesto, de lo contrario no se tendría un segundo o tercer hijo. Una expresión común, al salir de la sala de partos, es: "Nunca más vuelvo a pasar por esto". Pero se reincide. Por algo será.

No hay preocupación, estrés o malestar que no se mitigue ante la enorme alegría y felicidad que genera la sonrisa, los permanentes signos de crecimiento o la mirada de un hijo. Se logra un mayor nivel de madurez personal y una nueva perspectiva más balanceada sobre la vida. Y esto justifica todo esfuerzo personal y laboral que se deba hacer.

El regreso al trabajo

El jefe espera ansioso el fin de la licencia por maternidad para que se retomen las responsabilidades y vuelva todo a la normalidad, aUn cuando se sabe que será necesario un tiempo de adaptación. Para la madre es un gran desafío al que previamente ha dedicado tiempo: organizar la casa, el cuidado del niño, prepararse anímicamente para retomar el rol laboral y compatibilizarlo con el maternal, especialmente si es primeriza. Dudas, temores, ansiedad, expectativas, angustia, sensibilidad y sobre todo culpa son solo algunas de las sensaciones. Y, por supuesto, el jefe y el entorno laboral perciben la diferencia entre el antes y el después de la licencia. No hay quien enseñe a ser madre, y tampoco a manejar el tan mentado retorno.

Es innegable e indelegable: biológica y psicológicamente la mujer tiene un compromiso como madre que le da un espectro más amplio de posibilidades a la hora de decidir sobre su trabajo y carrera. El sentimiento de realización plena probablemente provenga de poder disfrutar de los hijos, la pareja, el hogar, la familia extendida, los amigos y el trabajo. No es nada fácil, siempre habrá algo que resignar. Deberá poner sobre la balanza lo que signifique para ella continuar con sus expectativas laborales o postergar el retorno al trabajo hasta que se sienta más segura. ¿Ubicar la demanda familiar por delante de los planes profesionales, a veces hasta el punto de postergar la carrera para acomodarse a las necesidades de sus hijos? ¿Disminuir la dedicación a la familia para crecer profesionalmente? ¿Hacer malabares para integrar ambas dimensiones, corriendo los riesgos que esto implica?

No hay una sola respuesta ni es posible delinearla antes de que nazcan los hijos; es una encrucijada muy personal que se va dilucidando con el tiempo, a medida que se vive cada momento y se toman decisiones constantemente.

Prepararse para la reincorporación

1. *Acomodarse emocionalmente.* Desde que el bebé nació, la mamá apenas se ha separado de él, siente que todo el tiempo del mundo no basta para mimarlo y que con nadie puede estar mejor que con ella. Pero los meses han pasado y toca dividirse en dos para volver al trabajo.

   Se mira en el espejo mientras se maquilla (hábito que perdió hace meses, y que no servirá de nada en cuanto se ponga a llorar al cerrar la puerta de la casa); no hay ropa que le quede bien (ni la previa al embarazo ni la del embarazo) y apenas se reconoce. Es el primer día de vuelta al trabajo y aparecen las emociones contradictorias: sentimiento fatal por "abandonar" al pequeño, alivio por perder de vista los pañales, enojo por sentir que en la vida parece haber algo que sobra, el niño o el trabajo...

   Angustia. Pasará por etapas de culpa ("¿Cómo puedo dejarlo con un desconocido o con quien no lo entiende como yo?") y alivio ("¡Por fin salgo de esta casa y vuelvo a hablar con adultos!"). Ansiedad ("¿Cuánto falta para que llegue la hora de volver a casa?") y tristeza (mirará la infaltable foto con la que se llega el primer día, y llorará). Es fundamental ser realista, acomodar las expectativas y darse el permiso de "sentir lo que se deba sentir".

2. *Organizarse.* Es importante aceptar que hay una etapa natural de "despegue", que debe transitarse a un ritmo razonable, por ejemplo, dejando de a poco al bebé con quien lo cuidará en ausencia de la mamá, saliendo sola a hacer alguna diligencia corta, un trámite, ¡o visitando nuevamente la peluquería! Decidir quién cuidará al bebé no es una tarea sencilla y muchos factores entran en juego. ¿Se lo enviará a una guardería? ¿Colaborarán los abuelos? ¿Se contratará a una persona para dicha tarea?, ¿cómo elegirla? Amerita de parte de la madre y del padre un detallado análisis, pero quizás, una vez resuelto, las dudas persistan. Ayuda planificar el día y delegar tareas de manera tal de poder pasar el mayor tiempo posible con el bebé en los momentos en que no se está trabajando. Es importante confiar en que otros pueden ponerse en su lugar y colaborar genuinamente: pareja, padres, amigos.

En este camino hay una corresponsabilidad del ámbito donde la mujer trabaja, del padre que debe cumplir con el rol que le corresponde y colaborar activamente, y de ella misma, que debe reflexionar detenidamente sobre su situación, intereses y prioridades, pedir ayuda, apoyarse en su pareja, sentirse segura de sus decisiones, confiar en sus capacidades, poner y ponerse límites razonables, dialogar con quienes están o estuvieron en la misma situación, apoyarse en sus allegados –¡no está sola en esto!– y, por sobre todo, disfrutar cada momento de esta maravillosa nueva aventura de ser madre y trabajadora.

Modalidad de trabajo instalada

Las prácticas laborales de largas jornadas profesionales y disponibilidad permanente no hacen más que sumar otra dificultad en el camino de las mujeres hacia puestos de liderazgo. Estas demandas, mezcladas con la cultura masculina sobre roles, cualidades y tareas del líder, incorporan un obstáculo más en la carrera de las mujeres.

- El modelo de movilidad y disponibilidad instalado (disposición las 24 horas por parte del empleado, uso de notebook, celular, smartphone o lo que sea necesario, largas jornadas laborales, ausencia de flexibilidad laboral) forma parte de las cualidades valiosas a la hora de pensar en un líder.

- Las actuales herramientas de trabajo en red (*networking*), consideradas clave para la generación de relaciones comerciales, sociales y laborales, requieren de un tiempo adicional al estrictamente laboral. Cenas, cócteles y eventos restan espacio y tiempo para dedicarlos a la familia y a otros intereses.

- En niveles de liderazgo, la globalización demanda realizar viajes de trabajo. Esto requiere una gran organización por parte de la mujer para que la dinámica doméstica permanezca en orden, aun cuando su pareja se quede en el hogar.

- Las oportunidades de crecimiento en la carrera que implican radicarse temporal o permanentemente en otro lugar geográfico constituyen un dilema en sí mismo. ¿Se sumará la familia al proyecto? ¿Cómo manejará la situación el hombre de la casa que también tiene una carrera? ¿Cómo ocuparse del hogar sin ayuda de la familia cercana o de los recursos habitualmente disponibles? ¿Qué se dirá socialmente si el esposo resigna aspectos de su trabajo para acompañar a la mujer? Estos y muchos otros son interrogantes que posiblemente el hombre, ante una oportunidad similar, no se plantee –o, al menos, no se planteaba en el pasado.

• Por otra parte, no debe perderse de vista la disparidad a la hora del salario que perciben hombres y mujeres líderes. La retribución presenta otro obstáculo para la mujer, no solo por las implicancias de la escasa valoración de su tarea frente a las mismas desarrolladas por un líder masculino, sino que, además, tiene fuerte injerencia en su autoestima y visión de futuro. Una mujer que cree que no será bien remunerada por la misma tarea que desarrolla un hombre, puede desanimarse y renunciar a ser una ejecutiva líder o, directamente, desechar de lleno la idea de seguir adelante con una carrera y mantenerse en su puesto[12]. Los frecuentes cupos que varias organizaciones establecen como vacantes obligatorias a ocupar por las mujeres no necesariamente constituyen un facilitador de la carrera femenina. En ocasiones, resultan efectivos para incrementar la representación femenina en las empresas, pero los empleados pueden percibirlo como el resultado de una imposición y no de una decisión resultante de las genuinas cualidades de las mujeres.

El formato de empleado devoto de su desarrollo profesional no se asemeja ni se corresponde con el mundo real

---

12. Rezvani, Selena: *op. cit.*

de las mujeres, en el cual la mayoría se encuentra con obligaciones familiares que atender además de las de su trabajo. Incluso, si los hombres aceptaran –y día a día es más frecuente– más responsabilidades en la crianza de sus hijos y otras tareas domésticas, el modelo del empleado devoto tampoco sería aplicable a ellos.

Los roles familiares han ido variando a lo largo de los años; los hombres se involucran cada vez más en las tareas del hogar y la crianza de los hijos en la familia moderna. Pero las responsabilidades domésticas de las mujeres persisten y todavía son un difícil obstáculo en la carrera hacia el liderazgo. Seguirá siendo así hasta que los cambios en la economía erosionen los roles familiares tradicionales y se genere un equilibrio que gradualmente lleve a que hombres y mujeres se dediquen al trabajo y la familia en igual proporción[13].

Esta situación no hace más que dificultar la conciliación de la vida laboral y familiar de las mujeres, alimentando el modelo masculino de liderazgo en detrimento de las posibilidades de carrera –con un progreso lineal– que estas puedan llevar adelante. Sin embargo, hoy en día esto no es exclusivo de las mujeres, muchos hombres consideran este modo de vida incompatible con sus valores o prioridades y aun así, obligados por el entorno, tienden a mostrarse disponibles cuando no lo están.

Visión de sí misma

Uno de los obstáculos más importantes que debe enfrentar una mujer para romper el "techo de cristal" femenino es la visión que tiene de sí misma, con sus creencias, con sus

---

13. Ídem.

permisos propios, con la imagen construida de su propia persona.

La historia familiar, la educación, la cultura social, la manera en que se viven los fracasos, la naturaleza de las relaciones que se tejen con el entorno, todo condiciona la manera de pensar y de comprender la propia existencia. La baja autoestima, el temor al fracaso o incluso al éxito, la carencia de expectativas estimulantes, entre otros factores, inciden en la forma de relacionarse con el mundo y, muchas veces, llevan a plantearse objetivos de menor rango, autoexcluyéndose así de algunos niveles de liderazgo y de ciertas áreas del ámbito laboral.

Estos obstáculos se originan toda vez que se descalifica para una posición ejecutiva pensando, por ejemplo, "no soy capaz de liderar un equipo", "no estoy capacitada", "aún no he terminado mi formación de líder" o "no sería una buena líder porque no me escucharán". Creencias implícitas como estas y otras terminan produciendo un autoboicot en mujeres con potencial de liderazgo que se automarginan de las oportunidades que les ofrecen sus carreras.

Los límites que se imponen a sí mismas terminan convirtiéndose en su realidad, como sostiene Vanessa Mielczareck[14], porque una creencia fuertemente enraizada y cargada de convicción puede transformarse en una especie de predicción.

Lo importante es tomar conciencia de que la erradicación de las mencionadas barreras depende de cada mujer. Para ocupar exitosamente puestos de liderazgo es necesario que ellas conozcan sus propias fortalezas, gustos y debilidades, y desarrollen un estilo de liderazgo auténtico adaptado a sus necesidades y a su trabajo. Deben creer en sí mismas

---

14. Mielczareck, Vanesa: *Inteligencia intuitiva*. Kairós, Barcelona, 2008.

más de lo que dudan de sus capacidades, y sentirse cómodas con cierto nivel de riesgo y desafío[15].

En el caso de las mujeres jóvenes, las barreras suelen verse acrecentadas por la falta de experiencia. Esto se suma al hecho de que en general no están seguras de qué quieren hacer y acumulan temores, como si dar un paso en falso no tuviera vuelta atrás, cuando en realidad cada decisión de carrera es una oportunidad y no se trata de un todo o nada[16]. Es posible elegir tener una familia y una carrera exitosa, cuyas maravillosas gratificaciones compensan los esfuerzos dedicados. El hecho de que haya pocas mujeres en puestos de liderazgo y escaseen los modelos de líderes femeninas, conspira contra la disponibilidad de canales de diálogo para las jóvenes con aspiraciones de carrera y favorece esa autopercepción de que no serían capaces y no serían vistas con posibilidades de liderar[17].

Afortunadamente, las investigaciones demuestran que las nuevas generaciones están en camino de minimizar muchas de estas variables, dado que empiezan a educarse en un entorno con estereotipos mucho menos masculinizados. ¿Será solo cuestión de tiempo que mucho de lo aquí descripto cambie? La pregunta sería entonces cómo acortar estos tiempos no solo en beneficio de la mujer, sino también para el aprovechamiento del valor que sus atributos y capacidades pueden aportar al mundo del trabajo, a través de un estilo de trabajo y de liderazgo diferente.

En un discurso dado ante los Estados miembros de la Organización de la Conferencia Islámica (OCI) en diciembre de 2012, la ex presidenta de Chile Michelle Bachelet habló sobre la importancia de eliminar las barreras que en-

---

15. Rezvani, Selena: *op. cit.*
16. Ídem.
17. Ídem.

frentan las mujeres para impulsar el desarrollo económico. Mencionó que cuando las mujeres lideran junto a los hombres, las decisiones reflejan y responden mejor a todas las necesidades de la sociedad y que, por su experiencia, sabía que cuando una mujer es líder, ella cambia, pero cuando muchas mujeres son líderes, lo que cambia es la política y las políticas.

Estereotipos

Aún hoy operan en nuestra sociedad estereotipos y prejuicios negativos sutilmente arraigados en modelos laborales históricamente diseñados por hombres, que forman parte del imaginario popular, alimentados desde la educación, lo social y lo psicológico. La identidad se conforma a partir de las vivencias en el seno del hogar en los primeros años, de los roles del padre y de la madre, y de los valores que transmite la familia. La sociedad en general, la escuela, los medios de comunicación, las costumbres sociales y hasta los modelos de referencia influyen en la forma en que las mujeres se ven en el mundo, en su autoestima, en la manera de entenderse a sí mismas y de comportarse e insertarse en los distintos ámbitos de la sociedad. Del mismo modo, las exigencias y expectativas del entorno también afectan la visión que las mujeres construyen de sí mismas y pueden incidir en su forma de actuar.

Una de las posibles causas de la demora en la carrera de las mujeres hacia puestos de liderazgo podría hallarse en el esquema mental de las personas. Esto dificulta el cambio de ciertas normas organizacionales, prácticas y comportamientos de trabajo que no son muy amigables o espontáneos para las mujeres, y que no favorecen sus posibilidades de desarrollo y despliegue de habilidades naturales de liderazgo.

¿Cómo opera el estereotipo? En primer lugar, como expectativa: se espera que el estilo femenino de gestión y dirección sea igual al de los hombres. Sin embargo, cuando la mujer adopta el modelo masculino de liderazgo, se expone a ser criticada por fría, poco indulgente, algo autoritaria y ¡"excesivamente masculina"! Y en caso de no adoptarlo, corre el riesgo de ser considerada demasiado flexible, débil, carente de autoridad para liderar. Así, las mujeres se ven en una encrucijada, excluidas de la consideración para un puesto de liderazgo por carecer de las características estereotipadas que se le atribuyen a un "buen líder" (por definición, masculino) o, incluso, pueden verse fuera de la posibilidad de ese cargo justamente por poseer y mostrar esas mismas cualidades. Una vez más, conviene recordar que las mujeres lideran de forma diferente a los hombres, sí, pero las diferencias son más sutiles y complementarias, tal como hemos visto en el Capítulo 3, sobre liderazgo.

Otro modo en que se expresa el estereotipo radica en la suposición de que ciertas posiciones y trabajos son para hombres y otros, para mujeres. "Las mujeres son más débiles emocionalmente", "se quiebran fácilmente", "no tienen fuerza física", "no pueden dedicar el mismo tiempo", "no les gustan algunas tareas", "no están preparadas". Esto se alimenta también del hecho de que históricamente se han desempeñado en disciplinas humanísticas, servicio, docencia, tareas domésticas, y es reciente su incursión en otros campos tradicionalmente vinculados al universo masculino, alimentando el círculo vicioso: las expectativas sociales condicionan la elección de la ocupación y, al desempeñar estos roles, se reafirman los estereotipos. Una opción para lidiar con este estereotipo, de acuerdo con lo que proponen Alice Eagly y Linda Carli, es mezclar y amalgamar la asertividad con la sociabilidad para demostrar que pueden ser suficientemente enérgicas y buenas directoras sin perder esa esencia femenina que los demás esperan ver en ellas[18].

Por otra parte, está comprobado que a menudo los estereotipos estimulan el espíritu emprendedor de muchas mujeres que optan por construir su propio negocio, ya que esto les permite no exponerse tanto. Por añadidura, estos emprendimientos ayudan a minimizar la incompatibilidad entre la vida familiar y laboral, porque brindan cierta flexibilidad de agenda y autonomía para el desempeño, aunque no implican necesariamente menos horas de trabajo. Esto tiene también sus desventajas: potencial falta de confianza de inversores y proveedores por no ser habitual para ellos interactuar con mujeres; dificultades para el acceso a capitales y créditos; la ausencia de un modelo guía; la falta de reconocimiento profesional y social a su actividad emprendedora, y la existencia de ciertas industrias y actividades comerciales con menor participación histórica de la mujer empresaria[19].

Algunos mitos

Descriptos hasta aquí ciertos obstáculos, pueden mencionarse además algunos mitos que sirven de sustento a muchas de las barreras y estereotipos que, como sostiene Linda Tarr-Whelan[20], a pesar de que su contenido de verdad es mínimo, se han difundido en la cultura. Esos mitos pueden incidir en la carrera de la mujer hacia roles de liderazgo por su efecto en la forma en que se ven a sí mismas, en las políticas de las organizaciones y en la dinámica de los negocios.

---

18. Ídem.
19. Debeljuh, Patricia y Las Heras, Mireia: *op. cit.*
20. Tarr-Whelan, Linda: *op. cit.*

Es importante mencionar que los mitos que subyacen en muchos comportamientos individuales, sociales y organizacionales varían tanto en la cantidad como en la forma en que se manifiestan, según la industria, la organización y la persona de que se trate.

El mito: "todo vendrá por añadidura"

"Todo llegará a su debido tiempo, no hay que impacientarse". En algún punto, este mito alimenta el dejar hacer, el dejar pasar y el *statu quo*, con la creencia de que continuar capacitándose o aceptando condiciones laborales no apropiadas es la manera de esperar el momento en que la oportunidad prometida se presente. Sin embargo, muchas veces se torna una promesa incumplida y se dilatan los tiempos de manera tal que la expectativa de una promoción o de una oferta laboral para un puesto de liderazgo se torna una visión poco realista. Es necesario ser proactiva y lograr que las cosas sucedan, hacerse escuchar, construir redes, elegir, tomar riesgos y ser responsable por las propias decisiones.

El mito: "les falta espíritu competitivo"

Subyace la idea de que a las mujeres no les gusta competir por un puesto. Que se sienten más cómodas en aquellos niveles de menor estrés y, por lo tanto, menor jerarquía, porque no están dispuestas a realizar todos los sacrificios necesarios. Esta creencia suele mermar, además, la confianza en sí mismas. Y aunque, como describimos en capítulos anteriores, las mujeres poseen esa visión de sus ámbitos familiar y laboral como un todo inseparable, cada día más y más hombres buscan esa vida integrada. Entonces, ¿las mujeres no quieren ocupar puestos de liderazgo o no lo quieren hacer según el modelo tradicional?

El mito: "nada personal, pura casualidad"

El mito de la no discriminación se sustenta en la idea de que, por ejemplo, todos los puestos de liderazgo de una empresa están ocupados por hombres solo por una cuestión de azar, porque la organización tiene una postura neutral respecto del género de quien ocupa los puestos jerárquicos. La realidad es que detrás de toda empresa que no tenga posiciones de liderazgo ocupadas por mujeres subyace un principio de discriminación. Es muy difícil aceptar que ninguna de las mujeres de la organización, especialmente en ciertas industrias, merezca un ascenso por mérito y cualidades o que no haya talentos en el mercado femenino con las habilidades necesarias para desenvolverse efectivamente en roles de alta responsabilidad.

El mito: "nos encantaría, pero no hay"

"No hay una mujer que cumpla con los requisitos necesarios para ocupar el puesto, y de todas formas los clientes no quieren tratar con una mujer sino con un hombre". Esto es una aseveración que rara vez tiene sustento. Cada vez más mujeres completan su formación universitaria y se incorporan al mundo laboral. Sin embargo, pocas llegan a la cima o a puestos de liderazgo por carecer de oportunidades. La excusa de que se trata de falta de capacitación o de cualidades hoy en día aparece fundamentalmente como eso: una excusa que oculta una mirada parcial y cortoplacista de la realidad.

El mito: "la mujer orquesta"

Estudian, trabajan, llevan a los niños al colegio, limpian, lavan los platos, cocinan, van al gimnasio, ayudan a los hijos con la tarea, hacen las compras... Y si algunas de las responsabilidades no se cumple en tiempo y forma, se sienten culpables. Este mito de la mujer que "todo lo puede" es alimentado por las propias mujeres cuya autoexigencia las lleva a no delegar y a aceptar la sobrecarga de trabajo. Por otro lado, termina funcionando como excusa de quienes las rodean para delegarles tareas y más tareas.

Muchas no solo sienten la responsabilidad de tener que poder hacer todo, sino que además llevan a que quienes las rodean esperen que así sea. ¿Por qué? Mezcla de "nadie lo hace como yo" y de "el niño pide por mí", con la culpa y el propio perfeccionismo, la necesidad de reconocimiento social, a lo que se suma una obligación autoimpuesta de todo lo que deben asumir como madres, esposas, mujeres, hijas y amigas.

Las responsabilidades familiares y laborales se cruzan, se entrelazan, se mezclan, se inmiscuyen unas con otras a lo largo del día. Y finalmente la mujer termina por aceptar que no puede con todo a la vez. Pero, más allá de su capacidad de cargar con todo o no, tampoco hay razón para que lo intente. Es necesario buscar un equilibrio y distribuir tareas con la pareja o el grupo de apoyo, de manera tal que pueda disminuirse el estrés que provoca esa demanda excesiva, y así disfrutar de todos los roles: ser mujer, mamá y trabajadora es posible. Pero, en primera instancia, ella debe asumir el exceso. Es ella quien debe querer delegar, aprender a hacerlo y pedir ayuda cuando lo necesite. Tal vez el secreto no sea tocar bien todos los instrumentos de la orquesta sino dirigirla para lograr la armonía necesaria y que la obra musical suene bien en conjunto.

¿Qué significa "desmitificar"? Implica tener en cuenta que la mujer tiene gran potencial para desplegar en una economía donde la educación, la innovación y la creatividad son atributos críticos para el éxito de los negocios. Y significa también tomar conciencia de que no existe un único perfil de mujer (ni de hombre) que logra acceder a puestos líderes en una organización. Cada vez más, hombres y mujeres conviven no como competidores, ni como profesionales con desventajas en sus capacidades, sino como socios o colegas que, con sus semejanzas y diferencias, pueden lograr más exitosamente metas comunes en los ámbitos familiar, doméstico, laboral, comunitario y social. En este marco, a las mujeres les cabe la responsabilidad de "salir de la caja", de los propios límites mentales, no subestimar las capacidades y fortalezas y confiar en su experiencia y habilidades. Hoy existen muchas prácticas y herramientas para facilitar este camino, lo cual será objeto de análisis en el próximo capítulo.

Concluyendo

Algunos obstáculos y mitos pueden tener influencia en el camino de las mujeres hacia puestos de liderazgo, y, aunque no es algo generalizado, están instalados. Superarlos y desterrarlos es un primer paso para generar mejores oportunidades, y esto no solo beneficia a las mujeres, que pueden ver colmadas sus aspiraciones de realización personal, sino también a los negocios y la sociedad, porque el valor agregado que la participación femenina genera está claramente comprobado.

El camino aún es largo, pero mucho se ha hecho y cada vez se producen más cambios que facilitan el desarrollo del liderazgo femenino:

- Recursos y herramientas que permiten una mejor compatibilización de la vida personal, familiar y laboral: guarderías que reciben niños a muy temprana edad, empresas que ayudan a resolver problemas del hogar, herramientas tecnológicas que simplifican ciertas tareas, entre otros.

- Creciente participación del hombre en las tareas de la casa y la crianza de los hijos.

- Organizaciones más abiertas y conscientes de las ventajas de la evolución demográfica.

- Aumento paulatino de modalidades de trabajo a tiempo parcial (*part-time*) o remoto, en beneficio de la compatibilización y la flexibilidad que la mujer necesita.

- Nuevas generaciones de jóvenes con paradigmas más abiertos en lo que hace a las diferencias de género.

- Y lo más importante: más modelos que fomentan la confianza de las mujeres en sus propias capacidades y en que es posible llevar adelante una carrera laboral y una vida personal y familiar plena.

Es indiscutible que hay y habrá obstáculos. Algunos se interpondrán específicamente en el desarrollo del liderazgo femenino; otros, en el de cualquier profesional que asuma el desafío de crecer laboralmente y desempeñar roles de responsabilidad mayor. Aun así, es creciente la conciencia sobre el valor que el talento tiene para las organizaciones, cualquiera sea su índole, tamaño e industria, y el aporte singular de la mujer al mundo del trabajo.

CAPÍTULO 5

DESARROLLO DE MUJERES LÍDERES: ¿MÁS SIMILITUDES QUE DIFERENCIAS?

Desarrollar, formar, fortalecer el liderazgo femenino requiere un enfoque sistémico, que combine procesos, actores y herramientas complejas y variadas. Ningún programa ni acción podría crear capacidades sólidas por sí mismo.

Muchas dimensiones son comunes al desarrollo de las competencias de un líder, cualquiera sea su perfil y su género; sin embargo, sobre la base de las cualidades, obstáculos y desafíos propios de la mujer en la carrera laboral, el camino y las intervenciones adquieren matices diferentes.

Contar con modelos válidos

Nadler y Tushman[1] proponen un esquema de desarrollo de habilidades de liderazgo que, si bien puede aplicarse a cualquier profesional, es interesante analizarlo desde la perspectiva de la mujer.

---

1. Nadler, David A. & Tushman, Michael L.: "Beyond the charismatic leader: leader and organizational change", en *California Management Review*, Vol. 32, N° 2, California, 1990.

Se relaciona con contar con modelos válidos visibles. Las nuevas generaciones tienen una oportunidad de buscar y acercarse a las profesionales de carrera, y estas podrían asumir el compromiso de colaborar en el desarrollo de las que se están iniciando. Cierta responsabilidad de construir un futuro más equitativo recae en aquellas que han logrado alcanzar posiciones de liderazgo. Algunas sugerencias de cómo encararlo serían:

- Facilitar que las jóvenes se apalanquen en las experiencias de aquellas con más trayectoria:
  - Hacerse visible y demostrar sus capacidades.
  - Desarrollar a los miembros del equipo: el rol del líder es hacer de coach, orientar y respaldar a los individuos para que desarrollen sus propias capacidades de liderazgo.
  - Formar equipos diversos y ayudar a la socialización exitosa de las mujeres en espacios que a veces pueden resultarles ajenos.
  - Constituirse en una fuente de aprendizaje sobre el negocio, la naturaleza del cambio y la tarea de manejar ese cambio.
  - Sembrar talentos, mediante la ubicación de líderes mujeres destacadas en situaciones y lugares estratégicos y visibles.
- Incluir a las nuevas generaciones de mujeres en las decisiones y proyectos estratégicos. Esto significa hacer que el equipo asuma la responsabilidad del cambio a través de una participación y comunicación clara. Estimularlas para que activamente asuman esta oportunidad, haciendo respetar su espacio y estilo propio.

- Trabajar en la organización en la que se desempeña para que diseñen programas de desarrollo de liderazgo en los que se aborde la temática de la diversidad, entendiendo el valor que agrega al negocio.

Mucho depende de una misma

La adquisición de las habilidades y el conocimiento necesarios para un liderazgo eficaz es una tarea de aprendizaje de alto nivel. Es por eso que las teorías humanísticas sobre el aprendizaje en adultos, como plantea Knowles[2], refuerzan la importancia del proceso de adquisición de habilidades, actitudes y conocimientos. Crecer en una carrera de liderazgo exige una apertura constante al aprendizaje y desarrollo. Implica:

1. *La necesidad de desarrollarse.* El contexto cambiante y complejo impone una brecha entre el presente y los requisitos de las tareas nuevas que se les plantean a las mujeres para lograr una carrera exitosa en entornos muchas veces masculinos. Para aprender las habilidades de liderazgo, debe experimentarse la discrepancia, a veces no cómoda, entre su aspiración de cambio y mejora, y la situación actual. Deben estar dispuestas a aprender con el fin de poder manejar los cambios que las rodean y tener disposición para crecer. Se pueden presentar oportunidades de funciones nuevas a desempeñar para las cuales necesitan habilidades, actitudes y conocimientos diferentes.

---

2. Knowles, Malcolm: *The adult learner, a neglected species.* Gulf Publishing Company, Houston, 1990.

2. *El concepto que uno tiene de sí mismo.* Un líder tiene confianza en sus posibilidades de aprendizaje, impulsos que lo empujen hacia la adquisición y el uso de las capacidades y fuerte orientación a lograr sus objetivos de desarrollo. Es importante elevar el bajo perfil que las mujeres mantienen a veces y tener –y transmitir– la seguridad de que su estilo de liderazgo puede ser sumamente exitoso.

3. *La experiencia: el "saber".* Uno de los factores más importantes en el desarrollo de capacidades de liderazgo son la experiencia y las vivencias que brinda la carrera profesional. Gracias a estas experiencias, los líderes adquieren no solo madurez, sino también algunas de las habilidades y conocimientos necesarios. En el caso de las mujeres, el esfuerzo parece ser mayor, dado que aún son pocas las oportunidades de desempeñarse en posiciones críticas que les permitan adquirir esa clase de experiencia.

4. *Foco: el "cómo".* El desarrollo de las capacidades de liderazgo implica un aprendizaje orientado a las tareas y a los problemas. El primer tipo de aprendizaje implica la adquisición de las habilidades necesarias que ayudarán a desempeñar las responsabilidades asignadas. El aprendizaje centrado en los problemas implica reforzar las competencias críticas requeridas para asumir las exigencias que conlleva abordar problemáticas con todas sus variables y asumir las consecuencias de su resolución. Pero parecería que en las mujeres líderes el aprendizaje orientado a las personas adquiere una relevancia especial, tanto por el valor que le asignan, como por la facilidad con que lo encaran. Significa socializar, ejercer influencia sobre otros hacia el cumplimiento de metas aceptadas.

El desarrollo como proceso

Un proceso de aprendizaje que permita desarrollar el potencial de liderazgo conlleva, según las palabras de Chris Argyris[3], un cambio no solo en la "teoría que propugna" el líder –las metas, los supuestos y los valores que ellos refieren como guía de su comportamiento– sino también, y principalmente, en la "teoría que usa" –lo que implícitamente guía su conducta–, y este proceso busca la coherencia entre ambas teorías. Para lograr este "aprendizaje de doble cuestionamiento", las mujeres líderes deben volver a examinar los sobreentendidos subyacentes, confrontar y modificar paradigmas instalados –resultantes de condicionamientos socioculturales que las mujeres retroalimentan– y comprometerse desde su interior.

A partir del momento en que la mujer decide enfrentar el cambio, comienza un camino desafiante no solo a nivel laboral. Implica también tratar de saber quién es y cuál es su propósito en la vida. Distintas herramientas le permitirán descubrirse en profundidad, un paso fundamental a la hora de pensarse en una posición de liderazgo. El camino puede no ser simple ni breve, pero es importante saber que el *paso a paso* es aún más importante que la llegada. ¿Por dónde empezar?

Joanna Barsh y Susie Cranston[4] proponen un mapa de ruta hacia el liderazgo que puede constituirse en una guía interesante. Como punto de partida, sostienen que el bienestar emocional, espiritual y físico, una conexión con el trabajo en sí mismo y con los colegas, y la alegría, crean

---

3. Argyris, Chris: *Reasoning, learning, and action.* Jossey-Bass Publishers, San Francisco, 1982.
4. Barsh, Joanna & Cranston, Susie: *How remarkable women lead. The breakthrough model for work and life.* Crown Bussiness, New York, 2009.

las condiciones para un liderazgo exitoso. Una postura ligada a la psicología positiva asegura que aquellas personas que tienen un sentido profundo del significado de lo que hacen son más felices y poseen mayor energía y resiliencia (capacidad de hacer frente a amenazas y circunstancias negativas, y fortalecerse al superarlas); ello, debido a que la alegría es motivadora, creadora y efectiva, e incrementa la salud física. El modelo de liderazgo que plantean las autoras parte de un núcleo formado por conexiones emocionales fuertes con el trabajo, con la misión y el significado personales, con los logros, con los instintos de nutrir, con un sentimiento fuerte de pertenencia y con el gozo. El significado es el inicio, la base. Ayuda (en este caso, a las mujeres) para que encuentren el rumbo

Según Barsh y Cranston, el sistema de desarrollo del liderazgo estaría basado en los siguientes factores:

- *Propósito.* El significado es lo que inspira a las mujeres líderes, aquello que crea compromiso, que las empuja hasta el límite de sí mismas y más allá. Guía sus carreras, sostiene su optimismo, genera emociones positivas y les permite liderar creativamente. Si las oportunidades se cargan de sentido, la mujer se verá energizada. Muchas veces lleva tiempo identificar las propias fortalezas, y aún más convertirlas en capacidades; además, cambian con el tiempo, expandiendo la capacidad de liderazgo. Si bien el significado es importante tanto para hombres como para mujeres, son más las mujeres que buscan tener un trabajo significativo[5] e identificar el propósito de lo que hacen.

---

5. Barsh, Joanna & Cranston, Susie: *op. cit*

- *Marco.* Para sostenerse en el camino del liderazgo, una mujer debe ver las situaciones con claridad a fin de avanzar, adaptarse e implementar soluciones. Esto le permite armar el rompecabezas de las diferentes piezas que conforman su vida: lo profesional, lo personal, lo familiar, lo organizacional, lo comunitario, etcétera.

- *Conexión.* Los líderes, varones y mujeres, necesitan de una red de conexiones significativas para desarrollarse y desempeñar sus responsabilidades. Las relaciones, los vínculos, enriquecen porque brindan una perspectiva diferente, generan contactos de trabajo, ayudan a resolver situaciones y abren nuevos horizontes. Como ya se ha señalado, la mujer debe focalizarse en desarrollar estas conexiones porque, si bien por un lado su naturaleza misma la lleva a relacionarse con facilidad, por otra parte no pone como prioridad en su agenda dedicar tiempo a las redes profesionales.

- *Compromiso.* Para desarrollar capacidades de liderazgo hay que tomar riesgos y aprovechar oportunidades. Hacerse escuchar y enfrentar los temores.

- *Energía.* Para que el proceso de desarrollo de habilidades de liderazgo sea sustentable en el tiempo y, además, para acomodar las múltiples responsabilidades que las mujeres asumen en todos los ámbitos de su vida, se requiere energía. Dado que el equilibrio perfecto entre la vida laboral y familiar es inalcanzable, ellas deberían adaptarse a una vida de desequilibrio controlado y permitirse fluir. Aprender a usar inteligentemente las reservas de energía es uno de los desafíos más difíciles que enfrentan las mujeres en el camino del liderazgo.

Una propuesta de desarrollo más "a medida"

Las mujeres que están creciendo en su carrera laboral, dado su estilo, intereses y perfil, empiezan a redefinir lo que significa construir una carrera exitosa y, sobre todo, cómo alcanzarla. La vida de estas mujeres es cada vez más compleja y variada, cada mujer elige el momento en que quiere ser madre, por ejemplo; cada una tiene momentos diferentes para tener familia. De aquí que ya no sea efectivo pensar en un modelo único de desarrollo y carrera exitoso para todas. No es de extrañar entonces que el modelo corporativo más jerárquico y estructurado de carrera genere cada vez más desilusión.

En este marco, Cathleen Benko y Anne Weisberg[6] proponen un nuevo modelo que llaman "personalización masiva de la carrera" (en inglés *Mass Career Customization* –MCC–). No necesariamente fácil de implementar, la propuesta de desarrollo implicaría que, en colaboración con mentores, coaches o jefes, los profesionales y, en particular, las mujeres (potencialmente más interesadas en este modelo por su flexibilidad) personalicen sus carreras mediante la selección periódica de opciones en función de sus objetivos laborales y profesionales, y de las circunstancias actuales de su vida. Esto requiere de la mujer un profundo autoconocimiento, análisis de todas las variables implicadas, flexibilidad y capacidad de resignar algo en ciertos momentos de la vida. Pero también debe darse otro factor primordial: que existan oportunidades acordes a lo que en cada ciclo parecería adecuado a las necesidades del desarrollo y la carrera. Por ejemplo, en el momento de la maternidad, si se busca la posibilidad de seguir la carrera dedicándole tiempo par-

---

6. Benko, Cathleen & Weisberg, Anne: *Career Mass Customization*. Harvard Business School Press, Boston, 2007

cial, la empresa donde trabaje o el propio emprendimiento debería estar preparado para esto.

Más allá de la descripción detallada de este modelo, lo importante es la filosofía de adaptación a las necesidades de cada persona en cada momento de su vida. Benko resalta que no hay un camino único de desarrollo profesional y que lo ideal es la flexibilidad y la apertura mental. Existen muchas prácticas, intervenciones, procesos, tipos de posición y función, programas y ámbitos laborales entre los cuales se puede elegir. Nadie dice que es fácil, pero las posibilidades existen, y habrá aún más en el futuro.

Algunas acciones

Existe una amplia y profunda investigación sobre el tema. Pero a los efectos de ordenar esta descripción, agrupamos las posibles prácticas que las mujeres que aspiran a una carrera de liderazgo podrían llevar adelante, en las siguientes siete categorías.

1. Identificación de sus aspiraciones y metas: definir objetivos profesionales claros y realistas y las condiciones que se requieren para alcanzarlos.

2. Planificación del desarrollo: vinculado al punto anterior, buscar proactivamente y proponerse, por ejemplo, para asignaciones de empleos nuevos (promociones y movimientos laterales), capacitación formal, asistencia a reuniones ajenas a la responsabilidad propia, oportunidades de networking, proyectos especiales, reasignaciones, tareas intersectoriales y/o experiencias fuera del área de trabajo. Buscar ayuda y asesoramiento es crítico; y es un

aspecto que a las mujeres les cuesta por su tendencia a acaparar responsabilidades laborales y domésticas. Por otra parte, esto insume tiempo, variable escasa especialmente cuando se compatibilizan tareas familiares, de trabajo y personales.

3. Reflexión sobre el tipo de trabajo y la posición adecuada: más allá de que cualquier profesional debería indagar sobre qué espera de su carrera y qué tipo de función se adecua a sus intereses, en el caso de las mujeres este factor es crítico. Las puertas hacia el crecimiento no se abren de la misma manera en cualquier posición. No todas las tareas permiten desplegar las capacidades que diferencian y destacan a una persona. La meta es desplegar el potencial de liderazgo hoy y en el futuro.

4. Construcción de un entorno laboral atractivo: la importancia que las mujeres otorgan a la calidad de las relaciones y su empatía natural tornan importante que el ambiente se distinga por el buen trato, el respeto, el reconocimiento, las relaciones amistosas, la apertura, la predisposición al diálogo, etcétera.

5. Generación de oportunidades desafiantes: los líderes, cualquiera sea su género, aman los desafíos y desestiman las rutinas. En el caso de las mujeres, el ámbito de trabajo debe diferenciarse del doméstico. Deben sentir cierta dosis de presión, variedad de proyectos, interactuar con pares y superiores motivadores, y encontrar modelos para tomar como referencia positiva.

6. Identificación de modelos a imitar: como ya hemos mencionado, este es un modo extraordinariamente fructífero de inspirarse y plantearse grandes objeti-

vos profesionales. Los modelos a imitar pueden encontrarse tanto en el entorno familiar o doméstico, como en el lugar de trabajo o en espacios ajenos a los círculos sociales inmediatos. Hay dos tipos de modelos. Por una parte, los que ayudan a pensar en la clase de persona que queremos ser, que son ejemplos por su bondad, fortaleza, coraje, valor, integridad y otras características admirables, presentes tanto en mujeres como hombres, en sus vidas diarias y en el modo de conducirse en el lugar de trabajo. Por otra, los modelos que alientan a ejercer papeles en los cuales quizás no se había pensado antes. Este eje de desarrollo es especialmente complejo dada la escasez de mujeres en puestos ejecutivos de relevancia.

7. Participación en proyectos académicos, que además fortalecen el networking: educación formal, programas de especialización, cursos de formación, entre otros. Aquí el desafío es saber elegir qué y cuándo.

¿Dónde poner el foco del desarrollo?

Como se ha mencionado, las preocupaciones frecuentes que se le presentan a la mujer en el desarrollo de su carrera se refieren a equilibrar su vida, conservar su identidad y construir una marca personal, apuntalar la confianza en sí misma, construir redes, apropiarse de su destino. Se puede decir que estas preocupaciones se refieren particularmente al proceso en sí mismo; trabajar sobre ellas es una de las dimensiones del desarrollo que surgirán mientras se recorre el camino para alcanzar metas específicas de aprendizaje: competencias y conocimientos específicos.

Las metas de desarrollo dependerán de cada persona, en este caso la mujer, y su contexto. Pero según su estilo y a partir de los obstáculos más frecuentes que afronta, algunas de las competencias a las que las acciones de desarrollo pueden contribuir son las que se mencionan a continuación[7]. Cabe resaltar que en muchas ocasiones lo que se busca es trabajar oportunidades de mejora y en otras, sostener las fortalezas.

El foco para desplegar una carrera exitosa hacia posiciones de liderazgo debería estar en identificar brechas, objetivos y planes de acción relativos a la gestión de:

- el negocio;

- las personas: colaboradores, pares, jefes;

- el cliente y el mercado;

- uno mismo (en esta dimensión la mujer puede trabajar en la imagen que tiene de sí misma y la que otros tienen de ella).

Para cada posible área de desarrollo, a continuación se especifican acciones concretas de utilidad para ambos géneros, pero aquí se pone énfasis en la mujer. La mejor manera de aprender es en la tarea, en las pequeñas acciones de cada día.

1. Conocer en detalle el negocio al que se dedica, ya sea como ejecutiva o como propietaria. Esto contribuye a la competitividad en un ambiente donde los hombres comenzaron a incursionar hace décadas (si no siglos) atrás. Algunas acciones para fortalecer este conocimiento:

---

7. Fuente: Deloitte (www.deloitte.com/ar).

- Reconocer que cuanto más se sepa del entorno en el cual se desenvuelve, más efectivo será el liderazgo.

- Leer con regularidad publicaciones relacionadas con la función y la industria.

- Establecer relaciones con quienes pueden brindar información útil sobre el mercado y la industria, y reunirse con ellos periódicamente para discutir una amplia gama de temas.

- Asesorarse con expertos con conocimiento en temáticas que son importantes para su trabajo.

- Exhibir comportamientos que demuestren su conocimiento acerca del negocio, mercado e industria, de manera que otros puedan brindarle retroalimentación.

2. Participar activamente en el presupuesto y la planificación, contribuyendo con la calidad y rentabilidad. En el capítulo sobre el estilo de liderazgo femenino se ha señalado que posiblemente la mujer líder sea más propensa a las relaciones, a guiar a la gente hacia un objetivo común, a construir equipos. Es clave no descuidar las tareas vinculadas al análisis y control, que obviamente son propias de algunas posiciones (por ejemplo, Finanzas) que las mujeres también ocupan. Algunas propuestas:

- Preguntarse y preguntar periódicamente a los demás –pares, jefes, colaboradores–: ¿cómo están?, ¿qué pueden mejorar para ser más eficientes y efectivos?

- Analizar muy bien la situación antes de comprometer estándares de calidad por cumplir presupuestos, planificaciones, fechas de entrega, etc.;

es fundamental el pensamiento crítico, la flexibilidad y la apertura para identificar soluciones no convencionales.

– Involucrarse en el detalle sin perder la perspectiva estratégica; delegar, sin dejar de supervisar y acompañar, es crítico, aunque cueste.

– Si se presentan dificultades, aceptar opiniones de quienes pueden saber más o de aquellos para los cuales estas tareas de detalle resultan más naturales.

3. Innovar para diferenciarse y dar mejor respuesta a problemas, oportunidades de negocio y necesidades, o al potencial de clientes y empleados. La mirada fresca que la mujer trae al mundo laboral la habilita a generar espacios para cuestionar el *statu quo* y salir de la zona de comodidad. El desafío es permitírselo, y hay acciones que pueden colaborar en ese sentido:

– Promover un clima en el que los empleados puedan expresarse de manera abierta, estimulando el aporte desde diferentes visiones. Reconocer a quienes traen ideas innovadoras que impliquen mejoras en los resultados.

– En las reuniones de equipo, dedicar tiempo a conversar sobre nuevas ideas aunque no estén pulidas.

– Poner énfasis en que la innovación es una tarea de todos, independientemente de la posición en la que se encuentran.

– Valorar el pensamiento abstracto e intuitivo (una fortaleza femenina); no autolimitarse en proponer ideas aun en grupos con muchos varones.

- Involucrar a otros en sesiones de *brainstorming* para explorar nuevas soluciones o respuestas frente a una misma situación.

- Cuando surge un problema, desafiar y desafiarse a encontrar una solución, lo que obliga a explotar la creatividad.

- No tener miedo a pensar más allá de lo establecido.

4. Acercarse a los empleados, escucharlos, contenerlos, brindarles retroalimentación y aconsejar acerca de áreas de mejora y planes de desarrollo. Formar y estimular el aprendizaje. Motivar promoviendo un buen clima de trabajo, reconocer formal e informalmente los grandes y pequeños logros, celebrar. La orientación hacia la gente puede ser un diferenciador respecto de los hombres, y en esto la mujer puede convertirse en modelo, reforzando su autoconfianza. Incorporarse a un mundo donde predominan hombres muchas veces genera el riesgo de descuidar la inclinación natural de las mujeres hacia la gente para focalizarse en el negocio. Algunas estrategias posibles:

- Llevar un registro del desempeño de los empleados; realizar un seguimiento de los éxitos, fracasos, necesidades de desarrollo y de cómo se acordó brindar ayuda.

- Dar feedback inmediato siempre que sea posible; enfocarse en comportamientos y resultados específicos y concretos.

- Establecer un procedimiento para documentar disciplinadamente la información del desempeño de las personas durante el año; esto conducirá a evaluaciones de desempeño más efectivas.

– Reconocer los logros, lo cual es una manera eficaz de reforzar las conductas positivas.

– Conocer a las personas de su equipo; cada uno tiene motivaciones y necesidades diferentes, y ajustarse a ellas genera más compromiso.

– Buscar continuamente la manera de proveer habilidades, recursos y experiencias que permitan a los colaboradores rendir al máximo.

– Dialogar con los colaboradores sobre sus intereses de carrera y asignar responsabilidades que estén alineadas con sus objetivos.

– Entusiasmar a la gente para lograr objetivos, comunicándoles el impacto positivo en el negocio, el equipo y cada uno de los miembros.

– Celebrar los éxitos y compartir generosamente los elogios con el equipo.

– Cuando se cometa un error, admitirlo y explicar cómo evitará cometer el mismo error en el futuro; esto alentará a los demás a comunicarse abiertamente y a saber que los errores son fuente de aprendizaje y no deben hacer sentir que se es menos que los pares varones.

– Posicionarse como un recurso que ayuda al éxito de los colaboradores, pero también hacerles saber que son responsables de su propio desempeño.

– Ser honesta al comunicarles a los colaboradores cuando no hayan alcanzado los estándares de desempeño –no suavizar las cosas–, aun cuando puede ser difícil para la mujer sentir que es posible herir al otro.

5. Inspirar a otros por ser percibida como una líder modelo. Este punto es en particular desafiante. En general a la mujer ejecutiva le cuesta identificar modelos en su entorno, dada la escasez de presencia femenina en los niveles altos de las compañías. Lo que sí está sucediendo es que cada vez más hay empresas creadas y lideradas por sus dueñas. Por otra parte, la mujer ejecutiva tiene una responsabilidad, consciente o no, de ser modelo de las nuevas generaciones femeninas, y para ello debe asumir algunos comportamientos, por ejemplo:

    –   Ser un ejemplo de integridad, compromiso y calidad del trabajo.

    –   Ser consciente de que los jefes son siempre observados.

    –   Demostrar que está a disposición para ayudar a los demás a tener éxito.

    –   Identificar un líder que se destaque por su excelencia y por sacar lo mejor de los demás, hacer una lista de los comportamientos específicos de ese líder e incorporar alguno de ellos siendo fiel al propio estilo.

6. Identificar oportunidades de desarrollo del cliente trabajando en equipo y oficiando de asesor de negocio confiable. Cualquiera sea el negocio al que se dedique –emprendimientos personales, compañías, fundaciones, instituciones educativas–, siempre hay un cliente, interno o externo; la mujer puede aprovechar su potencial relacional y su capacidad de escucha para acercarse mejor a ellos. Algunas sugerencias:

    –   Al abordar cuestiones relativas a clientes, en tanto seres humanos, siempre surgen emociones, además de tareas; de aquí que sea importante prestarles atención no solo a los objetivos de negocio, sino también a cómo se sienten los demás sobre cada cuestión.

– Es bueno tener en mente que "el cliente siempre tiene la razón", pero a veces no es posible consentir al cliente y darle todo lo que pide. Encontrar el balance entre la satisfacción del cliente y el costo para el negocio es siempre complejo, especialmente para la mujer en su tendencia a complacer al otro y resolver todos los problemas.

– Es relevante realizar un análisis de costo-beneficio sobre las cuestiones significativas cuando estén en juego los resultados del negocio o posibles reacciones de clientes.

– Es importante analizar las razones por las que considera que debe mejorar esta competencia. ¿Qué comportamientos está exhibiendo que indiquen que no mantiene un equilibrio correcto? ¿Está complaciendo adecuadamente a los clientes clave o se mantiene excesivamente firme? ¿Está apropiándose de un estilo masculino no auténtico?

– Es de gran utilidad repasar mentalmente situaciones en las que tuvo que lidiar con la necesidad de encontrar un equilibrio entre los intereses de la empresa y las necesidades de los clientes. Preguntarse si los resultados fueron los correctos, considerando ambas partes de la ecuación.

7. Mantener, con alto nivel de seguridad en sí misma, contacto con los niveles de dirección de su empresa y del cliente. Aun cuando una tenga una manera

muy distinta de abordar los problemas, de diagnosticar situaciones, de gestionar clientes y personas, y de interactuar con líderes de renombre, mujeres y hombres, esto le permitirá desarrollar competencias de negocio. Se aprende de lo bueno y de lo malo del comportamiento de otros. Lo importante es mantener la objetividad y el juicio crítico, además de la apertura y flexibilidad. Encerrarse en una misma no lleva a desarrollar una carrera. Ciertos comportamientos que pueden ayudar:

– Conocer bien a quienes están en los niveles decisorios, cuáles pueden ser sus intereses, objetivos y necesidades actuales y futuras.

– Tener cuidado de no responder con exageración a los requerimientos de un cliente o jefe. La mujer muchas veces tiene una gran necesidad de reconocimiento para sentir que está encaminada en su carrera y para motivarse. Pero la energía excesiva en tratar de responder a lo que se espera de ella no es sostenible en el tiempo.

8. Autodesarrollo como hábito constante. Reforzar las propias fortalezas y trabajar en sus necesidades de desarrollo tomando el feedback como una oportunidad de mejora. Acomodarse a un mundo no habituado a la presencia femenina lleva tiempo, se dan idas y venidas. No hay que bajar los brazos ni dejar de ser auténticas. Pero estar abiertas constantemente a aprender es esencial y estas iniciativas van en esa dirección:

– Crear un plan de desarrollo individual constante y actualizarlo periódicamente. Dedicarle tiempo a acciones planificadas. Seguir su progreso como con cualquier otro objetivo del negocio.

– Tomar en consideración no solo oportunidades de crecimiento jerárquico sino también nuevos desafíos dentro del rol actual. Siempre hay algo que aprender. Líderes no son solo los que están en la cima.

– Ampliar la perspectiva leyendo material fuera de la propia área de especialización.

– Consultar con expertos mujeres y varones que puedan enseñar nuevas cosas.

– Alentar, con seguridad en sí misma, a sus colaboradores, pares y supervisores para que le den feedback específico en áreas que está tratando de desarrollar.

– No descuidar la introspección y la búsqueda constante para conocerse a sí misma. ¿Cuáles son las áreas que necesita mejorar? Si aun no están en el plan de desarrollo, incluirlas y pensar en formas de desarrollarlas.

– Realizar una evaluación al final de cada proyecto/ iniciativa sobre lo que resultó positivo y negativo. Pensar en lo que hubiera hecho diferente, incluyendo aspectos relacionados con su liderazgo.

– ser demasiado crítica de su desempeño laboral y competencias puede afectar la autoestima y autovaloración. Ser demasiado complaciente puede ampliar la "zona de confort". Hay que intentar sostener un enfoque equilibrado.

9. Promover relaciones personales y profesionales positivas con personas diversas, flexibilizando el propio estilo. Recordar que esto en absoluto significa

resignar lo que una es ni cómo es. Es más fácil buscar vincularse con individuos similares a una, incluso en género; sin embargo, esto no ayudaría a la integración al mundo laboral ni a aprovechar la riqueza que genera la complementariedad. Mucho tiene para aprender un género de otro. A continuación, algunas propuestas.

– Anticipar la reacción de los demás durante la interacción misma, prestar particular atención al propio comportamiento (incluyendo el no verbal), interpretar qué le quieren decir y estar lista para cambiar el enfoque (no necesariamente las recomendaciones).

– Prepararse para reunirse individualmente con otras personas anticipando cómo reaccionarán. Por ejemplo, anticipar cómo podría reaccionar el jefe varón al contenido de la reunión y al estilo femenino de comunicación.

– Ser muy cuidadosa y tomarse el tiempo necesario para considerar posibles reacciones cuando no se esté segura de cómo responderán los demás ante algo que realice o que comunique. Por ejemplo, antes de enviar un e-mail, habría que preguntarse: ¿cómo reaccionará el receptor a este email?, ¿podría interpretarlo de manera equívoca?

– Pensar en algunas situaciones recientes en las cuales se haya sorprendido de la reacción de los demás; analizar qué sucedió y si se hubiera podido anticipar a lo ocurrido.

– Analizar las posibles razones por las que no se logra generar sintonía en un encuentro. ¿Cuáles son los comportamientos que llevan a la gente a sentir que no se ha generado conexión?

10. Reforzar la propia red y estimular el fortalecimiento de las redes de otros. Como se ha mencionado en otros capítulos, generar redes es una de las competencias más críticas para desenvolverse en el mundo de los negocios. Lleva tiempo e implica resignar espacios, por ejemplo, para la familia. De todos modos, con herramientas específicas se puede ser efectivo. Hay muchas razones para hacerlo, entre ellas incrementar la influencia general propia en la organización y en el mercado. Algunas recomendaciones:

   – Mantener una mirada crítica a medida que construye vínculos: "¿quiénes son los líderes de pensamiento y los líderes de opinión?", "¿estas son las personas con las que quiero conectarme?". Conviene generar el hábito y agendar espacios destinados a ir más allá del círculo de personas con las que se interactúa habitualmente.

   – Reconocer que los vínculos se construyen sobre la base de la confianza, el respeto y la búsqueda de intereses mutuos. Al aprovechar los vínculos personales para influir en otras personas, evitar causar la sensación de que se está tomando ventaja de ellas o manipulándolas.

   – Conocer gente en la organización (o fuera de ella) que aparente estar bien conectada a redes y relacionada con muchas personas. Tratar de comprender cómo construyeron sus redes y, si fuera posible, conectarse a ellas.

   – Analizar cómo saben otros si están construyendo vínculos y aprovechándolos para influir en los demás. ¿Qué comportamientos exhiben?

- Al identificar una idea nueva o una práctica adecuada, pensar quién más dentro de la organización puede beneficiarse al conocerla, y comunicarla proactivamente. Esto mejora el trabajo en equipo y genera puentes.

- Al ver a un colega en dificultades con un tema o un problema, ayudarlo. Esto genera confianza y apertura por parte del otro.

- Asumir que cuanto mejor y más preparada esté una misma, mejor posicionada se encontrará para interactuar, dialogar y construir con otros.

- Asegurarse de no retener información que podamos compartir y pensar honesta y profundamente si en alguna ocasión lo hacemos inconscientemente.

11. La comunicación es una de las competencias que en general más difiere entre mujeres y varones. Aprender a comunicarse en forma efectiva, oportuna y a través del canal adecuado con personas diferentes a uno es un desafío y un talento. ¿Algunas claves?

- Prepararse cuando haya que tratar alguna situación o tema importante y desarrollar un plan de comunicación; identificar los temas y los mensajes que se quiera comunicar y la mejor forma de hacerlo.

- Las comunicaciones cara a cara son muchas veces el canal de mayor impacto, pero no siempre son posibles en el escenario empresarial de hoy, marcado por la globalización. Las comunicaciones escritas también transmiten un estilo, por ejemplo: ¿cómo abrir el saludo?, ¿cómo concluir el e-mail?, ¿qué nivel de formalidad establecer? Cuidar lo que se expone a través de las redes sociales.

– Asegurarse de permanecer enfocada en temas y mensajes consistentes en los múltiples canales de comunicación. Si una no mantiene esta consistencia, no será tan influyente y podría confundir a los demás.

12. Manifestar una actitud positiva y demostrar apertura a los cambios. Los cambios generan ambigüedad, incertidumbre y, por lo tanto, ansiedad, angustia y estrés. Gestionar estas sensaciones profesionalmente es un desafío, especialmente cuando se está en un ámbito no habitual y cuando los demás esperan un comportamiento profesional según el paradigma masculino. Para hacerle frente a esta situación, es recomendable:

– Manifestar seguridad, expresar confianza y una actitud positiva.

– Intentar mantener la calma y controlar la ansiedad frente a los cambios, sin avergonzarse de experimentar esas sensaciones. Cada persona es diferente, algunos incluso tienen un mejor desempeño en estas circunstancias. Conocerse bien a sí misma ayuda.

– Mantenerse enfocada en las tareas habituales y ayudar al equipo para que nadie eluda sus responsabilidades cotidianas. La sensación de normalidad y previsibilidad tranquiliza.

– Cuanta más información se tiene sobre el cambio, mejor se lidia con él. Acercarse a otros con más experiencia, preguntar, observar y escuchar contribuyen además al networking.

13. Manejar constructivamente los conflictos. Pueden ser más complejos para una mujer cuando involucran a hombres, que tienen mayor trayectoria laboral y están más habituados al mundo empresario competitivo. Sugerencias:

– Entender que muchos asuntos que deben enfrentar no son "blanco o negro" y que en general presentan todo tipo de ambigüedades. Hay que tomarlos como oportunidades para mostrar las habilidades.

– Ante una situación ambigua que exija una toma de decisión, discutir el tema con otros, no ceñirse al propio criterio. Otros hombres y mujeres pueden brindar una comprensión más profunda de la situación; además, resulta útil intercambiar opiniones.

– Obtener la mayor cantidad de información sobre las situaciones, pero sin estresarse por tomar una decisión incorrecta. Incluso los grandes líderes toman malas decisiones cada tanto.

– Tener en cuenta que pocas decisiones son definitivas. El buen liderazgo implica hacer una serie de modificaciones en el tiempo sobre la base de resultados y nueva información, y requiere tomar riesgos. Es fundamental confiar en el propio criterio.

La carrera de liderazgo implica esfuerzo, disciplina, trabajo sobre uno mismo en competencias cada vez más complejas y tiempo. Implica tener metas claras y constantemente poner en juego visión, inteligencia, criterio, sentido común, habilidad para relacionarse e intuición. La mujer, si confía en sí misma, está en condiciones de demostrar que puede.

133

Concluyendo

La educación formal y la experiencia parecerían no ser suficientes para desarrollar todas las competencias que caracterizan a un líder.

Partiendo de la identificación del propósito a largo plazo que se busca en la carrera, del significado que tiene el trabajo para cada uno y de que se planteen objetivos específicos claros, es aconsejable dirigir la energía hacia un modelo de desarrollo sistémico y en forma de proceso, donde todas las herramientas posibles se complementen e interactúen. No cabe duda de que hay que reconocer la necesidad de un cambio y asumir el esfuerzo y los riesgos que se enfrentarán en el camino.

Las acciones y herramientas analizadas se utilizan por igual en el desarrollo de líderes varones y mujeres. Sin embargo, si partimos de un enfoque sistémico, se percibe que la forma en que la mujer vive el proceso, los modelos elegidos y sus efectos, y el contexto en que se desenvuelven, entre otras muchas variables, seguramente presentan diferencias respecto de los hombres. ¿Esto está bien o mal? Es adecuado si consideramos que un proceso efectivo de desarrollo debe partir de escuchar, conocer al protagonista y ser lo suficientemente flexible como para acomodarse a sus necesidades.

La clave, entonces, es realizar un profundo diagnóstico del entorno, la persona y su situación particular. Esto significa definir qué hacer, cómo hacerlo, cuándo, pero sin olvidar con quién.

Sin el apoyo de la familia, y otras personas cercanas no sería posible. Ser humilde y estar abierto a aprender de todos (maestros, alumnos, colegas, colaboradores, jefes, proveedores, clientes, etc.) es muy bueno, aunque quizás no suficiente.

En muchas ocasiones, el proceso se complejiza y se identifican obstáculos. Pedir ayuda no hace a la mujer –ni a nadie– más débil o menos capaz. El desafío de desarrollar competencias, actitudes y hasta nuevos estilos de vida puede ser acompañado por figuras experimentadas y formadas a tal fin. Es entonces cuando el coaching se convierte en una intervención sumamente valiosa y efectiva para ampliar el espectro de mujeres motivadas y aptas para desempeñar de manera exitosa funciones de liderazgo, que se sientan por sobre todo plenas, cualquiera sea su rol, su nivel jerárquico y el tipo de organización donde se desempeñen. En este punto hace foco el próximo capítulo.

CAPÍTULO 6

¿COACHING O COAXXING[1]?

El coaching es un concepto instalado desde hace muchos años en el mundo de las organizaciones y ha generado una literatura muy amplia e investigaciones constantes. Su aplicación se ha extendido enormemente en diferentes ámbitos y con distintos propósitos.

En este libro, se parte de la premisa de que los modelos y las metodologías de coaching pueden variar y, sin embargo, tanto la filosofía como muchas de sus técnicas utilizadas son, por lo general, las mismas. Dado que las diferentes estrategias de coaching dependen de la naturaleza del protagonista, la finalidad perseguida y el contexto, la modalidad de coaching que describiremos responde a:

- las brechas que actualmente persisten en diferentes sectores económicos en los cuales las mujeres aún no tienen las mismas oportunidades de acceso

---

1. Propongo el término "coaxxing" para hacer referencia a un proceso de coaching que, más allá del modelo y la herramienta utilizados, toma en consideración el entorno y los atributos, estilos, obstáculos y desafíos genéricos de la mujer en el ámbito laboral. La doble XX corresponde al complemento cromosómico de la mujer, a diferencia de XY, que es el complemento cromosómico del hombre.

137

a determinadas posiciones y, si las tienen, la energía que deben invertir en general es mayor a la que debería dedicar un hombre en condiciones similares;

- las creencias culturales arraigadas en muchas mujeres sobre su "deber ser" y sobre los diferentes roles que desarrollan como profesionales, madres, esposas, hijas y hermanas, entre otros;

- las autolimitaciones que la mujer en general se impone en lo profesional, lo que puede llevarla a no tener la necesaria confianza en sus capacidades ni seguridad en sí misma;

- la breve historia de la mujer en el mundo del liderazgo, que le exige abrirse camino sin muchos modelos o historias exitosas de los cuales aprender, y navegar por un mundo aún masculinizado;

- los atributos y las cualidades personales y de liderazgo que la mujer, a partir de sus características específicamente femeninas, comienza a mostrar en los espacios de trabajo y que se perciben como un valor agregado para la competitividad y el desarrollo;

- las dificultades para alcanzar un equilibrio natural entre el velar por el bienestar propio y de quienes la rodean, y proyectar su vida laboral.

Estos aspectos llevan a muchas mujeres a plantearse temas existenciales que cuestionan valores, comportamientos personales y laborales instalados, el significado de la realización y satisfacción, y la proyección a futuro: ¿mi vida podría ser diferente?, ¿quiero que sea diferente?, ¿en qué aspectos quiero que sea diferente?, ¿hasta dónde quiero llegar?, ¿qué es lo que realmente deseo, qué es para mí ser exitosa?, ¿por qué lo anhelo?, ¿soy consciente de los recursos internos de que dispongo para potenciar el cambio en mí misma y en mi entorno?, ¿tengo un plan de vida para conseguirlo?, ¿cómo lo implemento?, ¿cómo incluir en este plan a las personas importantes que me rodean?, ¿sé cómo activar mi potencial transformador para alcanzar aquello a lo que aspiro en lo personal y lo profesional?, ¿cómo sabré si lo he logrado?, ¿cómo puedo seguir creciendo?

Es en este diálogo interno donde un enfoque de coaching que reconoce las circunstancias particulares y diferenciadoras que viven las mujeres puede ser más efectivo.

Por ese motivo he resuelto hablar de coaxxing: entendido como una estrategia que aplica modelos y herramientas de coaching a un proceso dirigido a mujeres que se desenvuelven y desarrollan en un contexto de trabajo sin descuidar otras dimensiones de su vida. Puede ser especialmente interesante para mujeres que apuntan a desempeñar una carrera hacia posiciones de liderazgo.

Más allá de que el aporte del libro es proponer que el coaxxing aquí descripto es la estrategia apropiada para el género femenino, a modo de facilitar la lectura se seguirán utilizando los términos "coaching", "coach" y "coachee"[2].

---

2. Dado que, a mi entender, no existe un equivalente en castellano que refleje la riqueza del término "coaching", en este libro se seguirá empleando el inglés. Coaching se refiere al proceso de desarrollo, "coach" a quien ejerce el rol de guiar a la persona que busca desarrollarse, y "coachee" al protagonista del mencionado proceso.

Para empezar: el concepto de coaching

Un poco de historia

La palabra surge en la ciudad húngara de Kocs durante el siglo xv. Allí los viajeros utilizaban el término "*kocsi szekér*" o "carruaje de *kocs*" para nombrar un tipo de vehículo que se popularizó en la región porque incorporaba un nuevo sistema de suspensión más cómodo para los viajeros que hacían el trayecto entre Viena y Budapest. Así, el término pasó al alemán como *kutsche*, al italiano como *cocchio*, al inglés como *coach* y al español como *coche*. De alguna manera, el coaching ayuda a alguien a trasladarse de donde está a donde desea o debería ir.

Cuando el término llegó a Inglaterra, originariamente se utilizaba para nombrar el carruaje, pero a partir de 1850 lo encontramos también en las universidades inglesas para la figura del entrenador; así surge esta denominación para el *coach* o entrenador de corte académico, y posteriormente el *coach* deportivo. Más tarde, en 1960, el término se empleó también para designar programas educativos, pero es a partir de 1980 que se comienza a hablar de coaching como una profesión con formación y credenciales específicas. Es entonces que surge el concepto de coaching ejecutivo como una nueva y poderosa disciplina. Hoy en día, ya se reconocen en todo el mundo los importantes aportes del coaching para el desarrollo del liderazgo.

A pesar de que hay diversos autores a los que se considera "padres" del coaching y que proceden de diferentes épocas y disciplinas, no es posible identificar una única procedencia de manera clara e inequívoca, sino que habría surgido de forma simultánea en diversos lugares, fruto de un devenir que se sintetiza en una nueva metodología para el aprendizaje y el desarrollo de las personas. En cualquier caso, después de más de 30 años de vida, se puede decir que el coaching ha llegado para quedarse. Si bien encontró en el mundo de las organizaciones un lugar en el que divulgarse, hoy se extiende en otras direcciones y cada día vemos nuevos aportes y propuestas aplicadas a otras áreas, como la educación, la política, la salud, etcétera.

Actualmente coexisten varias líneas o familias de coaching que caminan paralelas dentro de su propio desarrollo. Esto no significa que sean teorías totalmente independientes sino que se alimentan mutuamente y van desarrollando una nueva disciplina que va tomando forma y protagonismo. Estas distintas teorías no difieren tanto en la práctica y en los resultados como en la explicación y teorización de sus propios fundamentos.

Tres grandes escuelas o líneas de coaching se identifican por su origen geográfico, aunque han tenido una gran expansión en todo el mundo:

- La escuela norteamericana de coaching, cuyo fundador es Thomas Leonard.
- La escuela europea, a partir de Timothy Gallwey y John Whitmore.
- La escuela chilena o escuela ontológica, de Fernando Flores, Rafael Echeverría y Julio Olalla.

Algunas definiciones

Del mismo modo que no existe una única raíz, tampoco hay una única definición. Aunque se pueden encontrar muchas coincidencias, también es cierto que existen algunas variaciones que nos hablan de las diferencias particulares de cada escuela y corriente. Uno de los exponentes más conocidos del coaching empresarial, John Whitmore, plantea algunas de ellas[3] con el fin de identificar lo que tienen en común y determinar cuál podría considerarse la más adecuada para utilizar con mujeres líderes dentro del paradigma de coaxxing.

La International Coach Federation, la asociación más grande de coachs en el mundo, pone el foco en los resultados: "El coaching es una relación profesional sostenida que ayuda a que las personas produzcan resultados extraordinarios en sus vidas, carreras, negocios u organizaciones. A través de este proceso, ahondan en su aprendizaje, mejoran su desempeño y refuerzan su calidad de vida".

La Sociedad Francesa de Coaching, por su parte, utiliza una definición más focalizada en las necesidades del coachee: "Coaching es el acompañamiento a una persona a partir de sus necesidades profesionales, para el desarrollo de su potencial y de su saber hacer".

La Escuela Europea de Coaching hace hincapié en el método: "Coaching es el arte de hacer preguntas para ayudar a otras personas, a través del aprendizaje, a explorar y descubrir nuevas creencias que tienen como resultado el logro de los objetivos".

Whitmore[4] se focaliza en la mejora del desempeño a partir de una matriz entre enseñar y aprender: "El coaching consiste en liberar el potencial de una persona para incrementar al máximo su desempeño. Consiste en ayudarle a aprender en lugar de enseñarle".

En palabras de Pierre Angel y Patrick Amar: "El coaching crea un espacio en el que la persona puede, en

---

3.   Whitmore, John: *Coaching: método para mejorar el rendimiento de las personas.* Paidós, Madrid, 2011.
4.   Ídem.

el marco de una relación intersubjetiva específica y a través de una asociación estimulante, optimizar sus recursos y eliminar obstáculos para su crecimiento, hacer que surjan nuevas competencias y conocimientos, y sentirse en un ambiente confiable y de motivación"[5].

El coaching es un proceso que promueve la acción y agiliza el aprendizaje. Según Argyris y Schön: "Implica desarrollar una relación profesional y un proceso deliberado y personalizado de observación, indagación, diálogo y descubrimiento mediante el cual se obtiene información válida, elecciones libres e informadas, y compromiso interno con dichas elecciones"[6].

El trabajo de W. Timothy Gallwey ha ayudado a fundar el movimiento actual de coaching de negocios, el personal y el ejecutivo; es considerado por muchos el creador del coaching moderno. Destaca en su definición que el coaching es el arte de crear un ambiente a través de la conversación y de una manera de ser, que facilita el proceso por el cual una persona se moviliza de manera exitosa para alcanzar sus metas soñadas.

Todas estas definiciones aportan, sin duda, una mayor y mejor comprensión del significado del coaching. De su lectura se desprenden algunas ideas importantes que ayudan a comprender mejor de qué estamos hablando:

- El coaching es un proceso que se desarrolla en el transcurso de un período determinado y que tiene lugar entre dos personas (coach y coachee) o entre una persona y un equipo (en el caso del coaching de equipos).

---

5. Angel, Pierre y Amar, Patrick: *Guía práctica del coaching.* Paidós, Madrid, 2007.
6. Argyris, Chris y Schön, Donald: *Theory in Practice.* Jossey Bass, San Francisco, 1974.

143

- En dicho proceso, se suceden una serie de conversaciones que tienen la particularidad de ser planificadas y confidenciales.

- En esas conversaciones, el coach utiliza una metodología basada en preguntas, que ayudan al coachee a explorar sus propias creencias, valores, fortalezas y áreas de mejora.

- Fruto de esta exploración, el coachee es capaz de tomar determinadas decisiones y de comprometerse en un proceso de cambio y aprendizaje.

- Con este compromiso y con el apoyo del coach, puede movilizarse en una determinada dirección, desplegando todo su potencial, hasta conseguir resultados extraordinarios.

Gran parte del trabajo de coaching, entonces, comienza por plantear el futuro que se desea y a partir de allí se trata de modificar el presente. Influye en temas personales por su efecto indirecto en variadas dimensiones de la vida, pero el foco del proceso es laboral. No es una terapia orientada a resolver problemas de personas con dificultades ni tampoco un proceso de asesoramiento o consultoría, en el que se dan consejos o se le dice al cliente qué es lo que tiene que hacer.

El coaching contribuye a sacar a la luz lo mejor de las personas, a movilizarlas hacia un nivel superior, expandiendo sus habilidades y nivel de conciencia. ¿Cómo? Apoyándolas, alentándolas y, fundamentalmente, haciéndolas responsables de su propio progreso y crecimiento. Es un proceso, no un hecho aislado. Es experiencial, conversacional, de conexión entre dos personas, y de aprendizaje. Demanda una relación de confianza, apertura y respeto, y se propone generar un ámbito propicio para estimular en el otro el deseo de mejorar.

En tanto algunos de los atributos característicos de la mujer son su capacidad de empatizar y su necesidad de entablar vínculos profundos y auténticos, creo que las definiciones centradas no en los resultados sino en el vínculo, en las conversaciones y en el despliegue del potencial, superando las propias limitaciones para alcanzar los sueños y objetivos, aplican mejor al coaxxing.

¿Existe un único estilo de coaching?

El proceso de coaching no debería responder a un molde rígido o viable en cualquier terreno. Lo esperable es que sea situacional, flexible, que se acomode al estilo y perfil de los coachees, y a las necesidades a las que responde el proceso. Para esto, debería ser menos directivo y más facilitador.

John Withmore plantea que el coaching efectivo debe ser capaz de ver la peculiaridad de cada persona pero no solo a partir de cómo es sino, fundamentalmente, de cómo puede llegar a ser. De aquí la importancia, en el caso femenino, de entender lo que implica ser mujer, los desafíos que enfrenta en el camino de lo que quiere alcanzar personal y profesionalmente en su propio contexto laboral. Esto llevaría, según Withmore, a orientar el trabajo hacia la consecución de los siguientes objetivos por parte del coachee:

1. Elevar la conciencia, la capacidad de darse cuenta; esto le permitirá una mayor comprensión de sí mismo y la posibilidad de identificar el lugar a donde realmente quiere llegar. La conciencia se desarrolla a través del autoconocimiento; alimenta la confianza, la seguridad y la responsabilidad. Normalmente

145

el nivel de conciencia es muy bajo, pero es imprescindible para salir adelante en el día a día. El coach ayuda a tomar conciencia del potencial que el coachee puede llegar a desarrollar por sí mismo.

2. Asumir la responsabilidad, reconocer que cada uno es dueño de sus acciones. Hacerse responsables es la única opción de darnos el poder de intervenir en nuestra vida. Cuando nos hacemos responsables, podemos preguntarnos qué hacer, cómo intervenir. Solo así encontramos la posibilidad de actuar.

3. Desarrollar la confianza en sí mismo, para saber que se puede alcanzar lo que se desea, para reconocerse como un ser único y valioso. La persona que cree en sí misma, tiene confianza en lo que hace y en lo que es. El que cree en sí mismo, también creerá en los demás, en el futuro, en la sociedad que lo rodea, tendrá una actitud más abierta al cambio y a las oportunidades que puedan presentarse.

El conocimiento de sí mismo, el asumir el propio destino haciéndose responsable y la autoconfianza son ejes clave para alcanzar los objetivos planteados en el proceso de coaching. Son además preocupaciones frecuentes en la mujer que apunta a desarrollar una vida integralmente exitosa.

Coaching en la diversidad

En este marco, podríamos afirmar que un proceso de coaching exitoso es aquel que tiene muy presente las características del coachee. Y no hay duda de que el género es una muy importante.

En capítulos anteriores hemos tratado detalladamente las diferencias entre hombres y mujeres. Además de las relacionadas con aspectos físicos y biológicos, ¿existen otras de las que un coach debería ser consciente cuando brinda coaching a una líder? El conocimiento sobre las particularidades de género puede ayudar a los coachs a comprender mejor el tipo de problemas o situaciones que pueden plantearse y, así, acomodar la estrategia y el proceso de coaching. La propuesta, entonces, es abordar la relación entre género y coaching, porque si bien abundan estudios que muestran las diferencias entre hombres y mujeres, probablemente no haya ninguna investigación que examine directamente esta cuestión.

El coaching ante las diferencias biológicas

Cómo se ponen en juego las diferencias de comportamiento es algo discutible, ya que la conducta también está influenciada significativamente por las normas y expectativas sociales, la educación y el contexto de situación.

Lo importante para los coachs es reconocer que existen diferencias entre hombres y mujeres. Influye en el proceso de coaching el que los coachees hombres tiendan a compartimentar los distintos roles de sus vidas. Las coachees mujeres manejan el trabajo de integración con más facilidad, pero es más difícil para ellas priorizar y poner límites, por lo que se arriesgan a sentirse sobrepasadas por la complejidad de sus vidas.

Un estudio de la Universidad de California citado por Shelley Taylor[7] sugiere que las mujeres responden al estrés con una cascada de químicos cerebrales que hace que

---

7. Taylor, Shelley: Interdisciplinary Relationship Science Program, Los Angeles. 2002. http://www.irsp.ucla.edu/Pages/Faculty/Taylor.html

147

entablen y mantengan amistad con otras mujeres. Antes de la publicación de estos hallazgos, la mayoría de los científicos creían que el estrés generaba en las personas una respuesta hormonal que preparaba al cuerpo ya fuera para pelear o para huir lo más rápido posible. La investigación de la UCLA sugiere que las mujeres cuentan con un repertorio de comportamientos mayor, mucho más amplio que "pelear o huir". Es muy interesante el efecto de una hormona presente en mayor medida en las mujeres (relacionada con el comportamiento maternal) llamada oxitocina –del griego *oxys*: rápido, y *tokos*: nacimiento–, cuyo efecto se traduce en aumento de la confianza y la empatía, y en la reducción del miedo social (además de efectos biológicos vinculados al parto y la vida sexual). La oxitocina está asociada a los patrones de conducta maternal y paternal, y actúa también como neurotransmisor en el cerebro. Dicha hormona es liberada como respuesta al estrés en las mujeres, amortigua la respuesta de pelear o huir y, en cambio, las estimula a cuidar a los niños y a agruparse con otras mujeres. Este comportamiento de "cuidar o hacer amigas" genera la liberación de más oxitocina, lo que contrarresta el estrés y produce un efecto calmante. Los hombres no experimentan la misma respuesta porque ellos producen testosterona en niveles altos cuando están bajo los efectos del estrés. La testosterona parece reducir los efectos de la oxitocina, mientras que el estrógeno los aumenta.

Dado que las mujeres tienden a responder a situaciones de estrés buscando el contacto social, es posible que muchas de ellas discutan sobre eventos estresantes con el coach. Entender esto puede ayudar al coach a orientarlas a articular algunas estrategias creativas. Incluso, el hecho de que las mujeres bajo situaciones de estrés se vuelquen a sus relaciones para obtener apoyo y bienestar refuerza la idea de que el coaching puede ser una técnica de desarrollo particularmente apropiada para ellas. De esta forma, muchas mujeres tienen gran experiencia en descubrir que otras personas pueden ser útiles como una caja de resonancia, como una oportunidad de verbalizar lo que están pensando, de encontrar otro punto de vista, por lo que experimentan esto como una estrategia útil de autodesarrollo.

El coaching ante las diferencias psicológicas

Para introducir un ejemplo del terreno deportivo, transferible a otros, Holbrook y Barr[8] sostienen que si bien coachear a mujeres no es significativamente distinto a coachear a hombres, en algunos aspectos psicológicos hay diferencias de género importantes que pueden afectar la relación coach-coachee. Estos autores encontraron diferencias en las formas en que las mujeres responden al feedback positivo; notaron que valoran más que el hombre la mejora personal por sobre el ganar, y que consideran la unidad del equipo como un factor motivador más fuerte que como lo estiman los hombres. Es importante destacar que estas diferencias no tenían relación con el nivel de habilidad de los atletas, deseo y capacidad de trabajar, capacidad de aprendizaje y fuerza mental.

Los coachs deberían tener en cuenta que, en general, las mujeres están más motivadas internamente por el autodesarrollo y los objetivos relacionados con el éxito del equipo, al tiempo que se sienten más incentivadas por un ambiente cooperativo orientado al trabajo en equipo. Abordan la competición de una forma diferente. En muchos casos,

---

8. Holbrook, James E. & Barr, J. Keith: *Contemporary coaching: issues and trends.* Cooper Pub Group, Carmel, 1997.

tienden a echarse la culpa a sí mismas antes que a nadie cuando su equipo pierde.

Comprender las potenciales diferencias psicológicas de género ayuda a ser conscientes de la particular manera de reaccionar ante el mismo evento o situación laboral, y sirve al coach para entender mejor los problemas con los que se enfrenta una mujer que ejerce roles de liderazgo.

Las diferencias de comunicación y el coaching

Numerosos autores, tales como Deborah Tannen[9], Cheris Kramerae[10], Jennifer Coates[11] y Lilian Glass[12], plantean que las diferencias en las preferencias de comunicación y estilos pueden crear conflictos entre hombres y mujeres, social, profesional e íntimamente. Aun así, el éxito de un líder depende en gran parte de la voluntad y habilidad para entender y ser entendido. Una de las mayores diferencias en cuanto a comunicación entre hombres y mujeres es el motivo por el cual conversan y de qué hablan realmente. Jennifer Coates estudió grupos de discusión solo de hombres y solo de mujeres y descubrió que cuando las mujeres hablan entre ellas revelan mucho de su vida privada. También se apegan a temas personales por más tiempo y tratan de que todas participen. Los hombres rara vez hablan de sus relaciones y sus sentimientos; en cambio, se focalizan en in-

---

9. Tannen, Deborah: *You just don't understand.* Harper Collins Publisher, New York, 1990.
10. Kramerae, Cheris: *Women and men speaking.* Newbury House Publishers, Cambridge, 1981.
11. Coates, Jennifer: *Women, men and language.* Pearson Longman, London, 2004.
12. Glass, Lilian: *He says, she says.* Perigee Books-Penguin Group, London, 1993.

formación sobre una variedad de temas (política, religión, deporte, actualidad, arte, historia, etc.). Una y otra vez, las investigaciones han mostrado que en reuniones, conferencias y otros eventos públicos donde participan grupos de ambos sexos, los hombres ganan la palabra más seguido y la sostienen por períodos más largos, independientemente de su estatus dentro de la organización a la que pertenecen. Esto podría estar relacionado con la confianza en sí mismos, la familiaridad con este tipo de contexto, estereotipos sociales y educativos, o particularidades psicológicas.

En contraste, las mujeres luchan por conectar y generar intimidad mediante la comunicación. Parece irles mejor en ámbitos informales y colaborativos, en los que la gente construye ideas de forma conjunta, opera en la misma sintonía y superpone sus conversaciones. El estilo de comunicación femenino podría ponerlas en desventaja en el mundo de los negocios. Se ha sugerido que las mujeres tienden a usar un estilo de discurso menos asertivo, más descriptivo (uso abundante de adjetivos), utilizando frecuentemente expresiones previas a las preguntas ("realmente me gusta esta idea, ¿y a vos?"), descargos de responsabilidad ("puede que esté equivocada, pero…"), enunciaciones interrogativas ("¿no harías ese reporte?", "¿podrías?", "¿colaborarías?", "¿me permitiría?"), y un uso frecuente del modo potencial ("parecería", "creería", "me interesaría"), cambiando incluso el tono de voz de forma que las afirmaciones suenen como preguntas aun cuando no lo sean.

El lenguaje no verbal es una dimensión que distingue a las mujeres; no hay duda de que sus gestos y sus miradas son muy expresivos. La manera de utilizar las manos, la postura, su manifiesta sensualidad, impactan fuertemente en la comunicación tanto con los interlocutores en el trabajo como con el coach, quien debe tener la capacidad de descubrir los mensajes subyacentes en esta manera de vincularse "sin palabras".

El problema surge cuando otros perciben a quienes usan este estilo verbal y no verbal de lenguaje como personas más cálidas pero con menos poder. Las diferencias en las habilidades de comunicación podrían provocar que los hombres piensen que las mujeres son débiles e indecisas, y que las mujeres crean que los hombres no están prestando atención a lo que ellas dicen.

Por otra parte, parecería que los recursos conversacionales utilizados por hombres y mujeres pueden variar según el ámbito en el que se encuentren. Según los hombres, en el hogar las mujeres son más asertivas y directivas, interrumpen constantemente, no escuchan, solo hablan. Por otro lado, las mujeres perciben que en el ámbito doméstico los hombres se comportan comunicacionalmente de manera diferente que en el trabajo.

En síntesis, hay diversidad en los temas, en el estilo y en las prácticas de la comunicación de cada género. Y comprender estas similitudes y diferencias es crítico en dos sentidos:

- Porque el coaching es en sí mismo un proceso conversacional, por lo cual un buen coach debe entender cómo es la conexión con una mujer desde el lenguaje verbal y no verbal.

- Porque la comunicación –tanto la escucha como el habla– es una de las habilidades más importantes de un líder, y en muchísimos casos aparece en los objetivos de mejora que se plantean.

Coaching en cada etapa de la carrera

La vida laboral de la mujer no solo va de la mano de su vida personal y familiar sino que, en muchas ocasiones, los momentos clave se cruzan, se superponen. El coaching se presenta entonces como un proceso que acompaña y guía ese aprendizaje y crecimiento simultáneo en diversas dimensiones de la vida femenina. El coaching tiene su foco en lo laboral; no obstante –y especialmente en el caso de las mujeres, para las cuales lo personal y familiar son prácticamente inseparables del trabajo–, el coaching profesional se combina con el coaching personal. También se entrecruza la carrera con las diversas edades de los hijos (en caso de decidir tenerlos) y se plantean dilemas que la mujer debe asumir. No se entrará en la temática de la pareja, esto es muy personal y las situaciones que se presenten pueden ser extensísimas, pero hay que resaltar que esto también tiene una muy alta incidencia en la carrera de la mujer. Definir los límites es difícil, pero un buen coach tiene las habilidades y la experiencia para hacerlo.

El autoconocimiento que facilita el coaching es una de las herramientas que colaboran en generar el impulso necesario para tomar decisiones que marquen el futuro. Es interesante analizar las distintas etapas vitales y ver qué sucede en cada una[13] para comprender su efecto en el camino hacia funciones de liderazgo. Cabe aclarar que esta categorización es a fines de análisis y descripción, ya que las características y tiempos dependen de circunstancias muy variadas y son diferentes para cada ser humano. Asimismo, en muchos casos, las etapas de desarrollo, los cuestionamientos, los obstáculos y los planteos son coincidentes con los de los varones; y en el caso de la mujer que tiene pareja, atravesar juntos este complejo y entramado mundo que se llama "vida" gratifica y alivia.

---

13. Leimon, Averil; Moscovici, Francois & Goodier, Helen: *Coaching women to lead*. Routledge, East Sussex, 2011.

Para cada etapa que a continuación se describe, se delinearán algunas situaciones o disyuntivas en las que el coach puede ayudar a la mujer a encaminarse.

Comenzando la carrera

"He terminado mis estudios; ¿y ahora qué me espera?"; "quisiera tener mi carrera encaminada antes de pensar en una familia, me concentraré en esto"; "mi objetivo es crecer, desarrollarme, aprender"; "mi foco está hoy en alcanzar alguna posición de liderazgo"; "en una entrevista me preguntaron cuándo planeo tener hijos, y me sentí discriminada; ¿así me verán mis jefes y pares hombres?"; "creo que me costará más que a mis compañeros, ellos comparten temas con nuestro jefe, como el fútbol, y yo no me siento incluida"; "no siento que tenga menos energía que otros compañeros; es más, no veo ninguna diferencia; estoy preparada y entusiasmada".

En esta etapa de ingreso al mundo laboral, el aprendizaje, la adquisición de habilidades y el desarrollo de cierta experiencia ocupan el centro de la escena. Las mujeres suelen superar sin mayores obstáculos ni inconvenientes los primeros desafíos. Es un momento en la vida donde el foco suele estar en el desarrollo de su carrera, en la búsqueda de promociones y crecimiento laboral, en la incorporación de nuevas habilidades y herramientas rápidamente porque ninguna mujer pierde de vista que en pocos años probablemente su foco será absolutamente diferente.

Sin embargo, en algún momento de ese pasaje laboral surgen complejidades y ya no solo se trata de cumplir sino de asumir ciertos riesgos y empezar a perfilar la carrera. El coaching se hace dificultoso –no aparece generalmente entre las prioridades del ámbito en el que se desempeñan ni de ellas mismas–, por lo cual suele estar a cargo de profesores del pasado, de familiares que han marcado su vida y ocupan posiciones jerárquicas o de supervisores que se transforman en mentores. En primera instancia, la tarea de estos es recordar a la mujer sus aspiraciones, reforzar su autoestima y reavivar el optimismo con respecto al futuro. Superar obstáculos o alcanzar objetivos genera energía, por eso el desafío de los coachs es identificar los cambios sutiles en la motivación[14] y reconocer los pequeños logros.

El coaching puede ser un proceso central para fortalecer la energía y el optimismo, los que van variando según los vaivenes de la motivación. Es importante conseguir que ellas recuerden lo bien que se sentían el primer día de trabajo y todos sus sueños sobre lo que iban a lograr. Hasta que las mujeres no obtengan un mapa del territorio que están recorriendo no podrán hacer elecciones bien informadas, y en este punto el manager puede alternar sus roles de coach y de mentor para acompañarlas.

A medida que las mujeres crecen laboralmente suelen seguir focalizadas en su carrera y les sobra empuje aun cuando, internamente, es habitual que aparezcan infinidad de cuestionamientos y dudas: "¿podré con las exigencias?"; "¿qué sucederá cuando decida tener una familia?"; "es lo que me gusta y necesito desafíos"; "mis amigas ya piensan en tener hijos y yo quiero fortalecerme en la carrera, ¿será correcto?", "¿qué dirán de mí?"; "mi jefa ha podido desarrollarse y creo que es una gran mujer"; "ahora tengo nuevas amigas con intereses similares, queremos tener una carrera y pensar en una familia"; "quisiera tener experiencias diferentes a las de mi madre y abuela, ellas se focalizaron en sus hijos y, cuando estos crecieron, les costó mucho reorientar sus vidas".

---

14. Rodríguez Franco, Conchita: *Tácticas de coaching para mujeres*. Síntesis, Madrid, 2007.

Es momento de encontrar la identidad en el trabajo y actuar en consecuencia. Elegir los modelos a seguir es una tarea indispensable, más aún porque los modelos femeninos de liderazgo suelen escasear y los que hay no siempre resultan atractivos. Identificar aquellos roles dentro y fuera del trabajo que puedan resultar inspiradores, analizar qué los hace especiales y exitosos es clave para desarrollar internamente esas cualidades y potenciar el propio desempeño. Socialmente, la mujer debe desplegar su capacidad para cumplir con todos los roles que la sociedad (y ella misma) espera: en el trabajo, en la familia, con los amigos, con su pareja, siguiendo las exigencias de belleza, éxito y socialización. Esto se torna uno de los principales puntos de preocupación en esta etapa del desarrollo. Por eso, trabajar sobre la identidad parecería ser el foco y la clave del coaching en este momento.

Es entonces que las mujeres necesitan permitirse ser ellas mismas en todas las áreas de su vida, descubrir su estilo personal y sentirse cómodas con él, e impulsar una identidad de liderazgo que les permita reflejar su personalidad manteniéndose fieles a sí mismas. La experiencia de quienes desarrollan tareas de coaching indica que esta es la etapa en la cual las mujeres necesitan mayor apoyo a nivel de su autoestima para poder desempeñarse y mostrarse en el ámbito laboral como realmente son. El diseño de las diferentes relaciones es fundamental para que puedan ajustarse a su modo de liderazgo. El coaching en este nivel puede ayudarlas a encontrar claridad con respecto a distintas situaciones, de lo que desean y piensan, y de la forma de abordarlo y llevarlo adelante.

Pero, además, este es el momento de comprender la cultura y los códigos de éxito —en su mayoría, masculinos— que deberá romper o, al menos, flexibilizar para acomodarse, sin distorsionar su estilo. Es una etapa de gran relevancia en la vida de una mujer porque puede cambiar el curso de los años venideros. Una mujer de éxito es una mujer feliz: feliz con lo que tiene, sea lo que sea, y feliz con lo que es. Mira hacia atrás y está contenta, explica Conchita Rodríguez Franco[15]. Y agrega que, frente a las definiciones generales y externas, cada mujer puede buscar, explorar y desarrollar su propia definición de éxito.

La incursión en roles de liderazgo y la vida familiar

"He alcanzado mi objetivo: soy gerente y me siento orgullosa"; "tendré nuevas responsabilidades sobre otros y sobre el negocio; ¿podré contar con alguien que me entienda como mujer?"; "¿cómo y de quién aprenderé a ser una buena líder?"; "¿encontraré a otras mujeres que hayan pasado por esto?"; "ahora seré jefa de hombres y mujeres, ¿cómo será?"; "¿seré respetada por mis pares hombres?"; "¿cómo comportarme?, ¿como ellos, o sostengo mi femineidad?"; "¿aceptarán mi emocionalidad y mi vulnerabilidad frente a algunas situaciones que puedan hacerme sentir frágil?"; "¿tendré temas de conversación para romper el hielo?, ¿deberé aprender más de deportes?"; "¿valdrá la pena?".

Una vez alcanzado este nivel, la mujer sabe lo que quiere y, sin embargo, se encuentra en la etapa en que pasa de ser "cuidada" a ser "protagonista". Si la mujer aun no ha formado su red de contactos en el trabajo –ya sea interna o externa–, este es el momento de hacerlo, y el coaching puede ser una herramienta útil para ayudarla a focalizarse en entender la dinámica del networking.

---

15. Rodríguez Franco, Conchita: *op. cit.*

Los años de crianza de los hijos

La maternidad es un tema relevante no solo en la vida personal de las mujeres sino también en su carrera laboral. Cada vez más postergan su maternidad hasta cerca de los 30 años –o incluso más allá–, por diversas razones; la carrera es una de ellas. Sin embargo, en el momento en que son madres, las mujeres cambian su visión. Si antes veían la existencia en el contexto de sus carreras, ahora comienzan a ver su desarrollo en el contexto más amplio de sus vidas. Ser madres cambia el sentido y el propósito de su trabajo e, incluso, la forma de trabajar. Muchas resuelven volver en forma part-time, aceptar trabajos de menor exigencia o interrumpir temporariamente sus responsabilidades laborales, lo que en la mayoría de los casos las ubica más lejos de aquel ascenso o de aquella promoción deseada.

En general, reformulan su misión laboral y su meta de independencia. Mientras hay quienes afirman que de esta forma las mujeres están más focalizadas y son más productivas, otros sugieren que tienden a saltear áreas vitales para el progreso laboral, como desarrollar el networking y dedicarse a la dimensión política, que insume energía y tiempo, para focalizarse en la gestión.

El coaching en esta etapa es sumamente valioso, necesario y requerido. Son diversas las claves a tener en cuenta en las mujeres que transitan por esta experiencia. La confianza y la autoestima requieren de especial atención, no solo en el ámbito laboral sino también en el doméstico y familiar, porque el hecho de tener un hijo es un evento incomparable que cambia la vida. El coaching en este nivel debe centrarse en trabajar sobre la construcción de la confianza que permitirá a la mujer estructurar mejor las discusiones con gerentes y directores sobre su retorno a la vida laboral. Y, si no lo ha hecho con anterioridad, el networking –interno y externo– en esta etapa también es relevante. Compartir con otras mujeres y varones vivencias y anécdotas relacionadas con los hijos puede brindarle cierta seguridad y dar lugar a reuniones muy informativas. Otro elemento importante es el manejo de los sentimientos en el ámbito laboral. No son pocas las mujeres que se sienten mucho más emocionales luego de tener un bebé y, aun cuando esto puede tener su lado positivo –si se considera que los buenos líderes demuestran un alto nivel de inteligencia emocional–, el exceso puede ser causa del deterioro del progreso de una carrera femenina.

Otras elecciones vitales

Esta es una etapa en la cual las decisiones de vida son críticas. La mujer debe plantearse claramente qué quiere con respecto al futuro y actuar en consecuencia más allá del "qué dirán" y de las expectativas sociales. Se da el caso de las jóvenes que deciden tener pareja pero no tener hijos; otras prefieren la independencia total; algunas postergan estas decisiones. Obviamente, quienes tienen pareja no toman solas estas decisiones, pero su impacto en la carrera no deja de gravitar. El efecto puede ser el mismo que el de la mujer madre pero por motivos diferentes, ya que en este caso prejuicios muy arraigados en nuestra cultura –"¿qué le estará sucediendo que decide no tener familia siendo algo tan valioso?"; "¿qué tipo de problemas tendrá?"; "¿quiere estar sola toda la vida"?– constituyen una presión insoslayable.

Nuevamente el coaching aparece como una estrategia de gran utilidad para ayudar a la mujer a atravesar exitosamente estos obstáculos a través del desarrollo de su autoconfianza y autoconocimiento. Veamos algunos ejemplos de mujeres que podrían solicitar ayuda con temas que, aun siendo muy personales, afectan directamente el desempeño laboral.

1. Una mujer de entre 35 y 40 años, que se considera preparada profesionalmente, tiene un alto cargo en una compañía importante con muy buen salario, o un emprendimiento propio. En cierto momento se detiene, evalúa la vida que siempre ha deseado y se da cuenta de que no tiene con quién compartirla. Sin pareja ni hijos, vida social limitada a lo laboral, llega temprano al trabajo y siente que el día pasa hasta que se hace muy tarde y llega a la casa. Los fines de semana a veces también trabaja. Se plantea: "¿en qué momento puedo relacionarme con otras personas?, ¿cuidarme?, ¿ir al gimnasio?, ¿salir con mis amigos?, ¿tener una vida de pareja?". O, por el contrario, puede pensar: "es lo que siempre deseé y no me arrepiento, pero ¿el día de mañana?".

2. Una mujer ha dedicado mucho tiempo a un proyecto de trabajo y siente que ha logrado desarrollarlo con éxito; sin embargo, empieza a afectar a la familia: sus hijos no le hablan o tienen problemas de disciplina o estudio, su marido le reclama constantemente, incluso hasta llegar a plantearse el divorcio. "¿Cómo afronto estas dificultades tan profundas emocionalmente sin descuidar mi carrera, que también me apasiona?"

3. Ha llegado a una posición de liderazgo tal como ambicionaba, está feliz, se siente plena con su pareja con la que han compartido años de estar juntos y vivir experiencias. Empieza a desear tener hijos y se da cuenta de que su reloj biológico está en el límite. "¿Ha valido la pena?, ¿también formar una familia era una gran meta para mí?, ¿y ahora?"

Ningún caso es igual a otro. De aquí que un buen coach debería empatizar, conocer a la coachee, ajustarse a sus tiempos, definir objetivos claros y acotados del proceso de coaching (porque no va a resolver todos los problemas de la vida ni mucho menos), y ayudarla a conocerse a sí misma, sus valores y prioridades.

Fortalecimiento del rol de liderazgo

Son pocas las mujeres que logran este nivel en el desarrollo profesional. Las que lo hacen y alcanzan esta etapa deben competir mayoritariamente con hombres y encuentran pocas mentoras o modelos femeninos que sean de utilidad para poder tomar como punto de referencia o recibir información y colaboración.

El coaching puede marcar una diferencia fomentando una revisión de creencias respecto de sus propias capacidades, mejorando la toma de decisiones y la confianza de que están suficientemente capacitadas para el puesto al que aspiran. Una mujer que ocupará un puesto de jerarquía requiere no solo capacidad sino también perspectiva. Debe estar preparada también para golpear aquellas puertas tradicionalmente abiertas solo a los hombres, y buscar distintas formas hasta encontrar la que le permita avanzar por el laberinto y hacer carrera. Además, el coaching puede ser útil para concentrarse en la motivación para el nuevo rol. Permitiría realizar un análisis exhaustivo sobre el impacto que el cambio podría tener en su vida, fortalecer los vínculos positivos que la ayuden, reforzar los abordajes para resolver problemas, tomar decisiones y ejercitar el pensamiento estratégico.

La escolaridad de los hijos

El tema ocupa un lugar relevante. En general, la elección de la escuela no se delega, es responsabilidad de la madre. El objetivo es encontrar un ámbito educativo cuyos valores sean acordes con los de la familia y ella misma. Como mujer laboralmente exitosa, es probable que no tenga demasiado tiempo para asistir a todos los eventos de la escuela o buscar a sus hijos cotidianamente al fin de la jornada. Es posible que no conozca a las demás madres y que no esté cuando sus hijos inviten amigos. Las mujeres que trabajan a tiempo parcial quizás puedan organizarse mejor, pero no siempre el horario escolar coincide con el laboral, una situación cada vez más frecuente.

Para las mujeres que jerarquizan su carrera laboral y el acceso a posiciones de liderazgo, pero que cuidan con igual o mayor celo su rol de madres, es importante que la escuela reúna estas características:

- En lo posible, que esté cerca de la casa o que cuente con posibilidades adecuadas de acceso.

- Que el nivel sociocultural coincida con el de padres profesionales para los cuales la educación es un valor.

- Que no demande la asistencia a demasiadas actividades extraescolares, ya que en ese caso el traslado de los hijos se vuelve una obligación difícil de sostener.

- Que los horarios de reuniones, eventos y actividades familiares tengan en cuenta a las madres que trabajan.

- Que involucre tanto a las madres como a los padres;

- Que haga respetar normas y disciplinas pero tenga la flexibilidad suficiente para contemplar la dinámica de familias no tradicionales como, por ejemplo, ensambladas o monoparentales.

No es una elección fácil. De todas formas, las decisiones pueden revisarse no solo por los aspectos referidos a la situación o características del niño, sino también a la modalidad familiar y a las necesidades de la madre.

Afianzándose en puestos de liderazgo

Cuando las mujeres llegan a esta instancia es indispensable que realicen un exhaustivo análisis para comprender realmente lo que significa. Preguntas como "¿cuál es mi contribución?", "¿de qué manera mi rol será diferente del de ellos?", "¿hacia dónde me dirijo?", "¿qué están haciendo?" y "¿qué significa ser exitosa para mí?", deberían ocupar el pensamiento femenino en este nivel. La realidad muestra que en esta etapa las mujeres suelen contestar o bien con suma humildad, o bien exactamente lo opuesto, con exagerada arrogancia, ya sea porque no saben cómo responder o porque la situación les impide ser ellas mismas y sentirse cómodas.

El coaching en este nivel debería centrarse en recordarles por qué han llegado hasta allí y cuáles son los aportes –únicos– que solo ellas pueden hacer. No son pocos los estudios que han demostrado que el ingreso de mujeres a los niveles de dirección y su incidencia en la toma de decisiones conllevan un aumento de la competitividad del negocio. Entonces, ¿cuáles serían los requerimientos específicos del coaching de mujeres líderes? Es fundamental brindarles herramientas para hacer su trabajo; entre ellas, probablemente las más importantes sean las siguientes.

- *Pensamiento estratégico.* Esto implica un cambio en el paradigma de lo que significa un negocio y el rol del líder en él. Un buen coach podría ayudarlas a acelerar la toma de decisiones importantes.

- *Visión.* Según un artículo publicado en *Harvard Business Review*[16], el desarrollo de la visión ha sido entre las mujeres un tema relevante durante mucho tiempo. El coaching en esta dirección puede ser de utilidad para la construcción de su visión personal y extenderse para crear una visión en su equipo o en la organización en su conjunto.

- *Confianza y autoestima.* Siguen siendo de vital importancia para todas las mujeres, sin importar su trayectoria y experiencia. Cuando se adquieren, pronto se manifiestan: hablan en las reuniones, se hacen oír, no retroceden ante un desafío. No importa qué hayan dicho los demás sino lo que todavía les queda por decir. Refuerzan el respeto a sí mismas y el respeto a los demás. Tener confianza y autoestima supone conocer las fortalezas propias y saber qué se hace bien y qué se debe mejorar; implica adquirir destrezas para establecer contactos, hablar, enseñar, contener y gestionar a personas difíciles.

- *Cuidado personal.* Las mujeres que han llegado tan lejos requieren entender la importancia de su ser completo, donde conviven los aspectos personal, físico, laboral, familiar y espiritual. Suelen viajar con frecuencia y ausentarse del hogar, con un gran costo a nivel personal, familiar y laboral. Es importante que comprendan la relevancia del buen

---

16. Ibarra, Herminia & Obodaru, Otilia: "Women and the vision thing", en *Harvard Bussiness Review*, Boston, enero 2009.

dormir, comer adecuadamente y otras medidas saludables. No descuidar la vida social, el ocio y el tiempo dedicado al desarrollo de la propia interioridad. La autoexigencia laboral para sobresalir hace que tiendan a olvidarse de sí mismas y esto implica un altísimo costo emocional y psicológico.

• *Equilibrio entre la vida doméstica y laboral.* Sin duda, una de las preocupaciones principales entre mujeres líderes maduras, especialmente si tienen familia y cumplen largas jornadas de trabajo. Aun cuando cuenten con ayuda y estén organizadas, hay cosas que no pueden delegarse. Se puede llegar a sumar en esta etapa un factor crítico: el cuidado de los padres y otros allegados mayores. Y esto insume energía física y emocional. Es necesario detenerse y pensar de qué manera se puede alcanzar el equilibrio. Un buen gobierno de la mente, el cuerpo y el espíritu, así como una agenda que tenga en cuenta las necesidades personales y del entorno más cercano, pueden ser de gran utilidad para lograr las metas laborales y mantener la armonía familiar.

Los hijos adolescentes

Una de las etapas más críticas de la relación entre padres que trabajan y sus hijos tiene lugar cuando estos son adolescentes. La parte emocional y comunicacional pasa al centro de la escena, mientras que el esfuerzo físico y el tiempo dedicado disminuyen.

• La configuración de las familias cambia, los abuelos tienen sus ocupaciones, la mamá no está en el hogar, el contexto se modificó, aparecen otros "peligros".

- Los momentos de convivencia se transformaron (los hijos duermen cuando los padres están en casa, se encierran en su cuarto, además de emocionalmente); muchas veces no se conoce en profundidad a los amigos y otras relaciones.

- La culpa, al igual que con los niños más pequeños, es un arma de doble filo para las mamás, que se dan cuenta de que conectarse es difícil y tratan de compensarlo con otras cosas.

- Los papás tampoco ponen límites adecuados.

- En los tiempos que vivimos, se prolonga el tiempo de permanencia de los hijos en la casa paterna, y la adolescencia también se prolonga pero, paradójicamente, los reclamos de independencia aparecen antes.

- Los códigos conversacionales son diferentes, el acceso a redes sociales incide.

El coach puede ayudar a que una líder con hijos adolescentes comprenda que no hay recetas mágicas y que ella misma puede descubrir estrategias para acercarse a los hijos en esta difícil edad. Algunos ejemplos son identificar aquellas mínimas actividades que al hijo le puede interesar compartir con ella; limitarse a escuchar, sin interrumpir y poniendo atención a lo que él o ella dice; no sermonear, ya que cuantos menos consejos se les den, más consejos pedirán. Dado que es imposible contar con los adolescentes cuando se requiere su presencia, la madre debe tratar de estar disponible cuando ellos lo desean, y esto implica tener una agenda laboral flexible. Desarrollar las habilidades comunicacionales propias de un líder tiene su efecto en estos casos: la madre debería hacer saber al hijo que se respeta su derecho a opinar diferente, y que está dispuesta a dialogar acerca de sus preocupaciones e intereses. La manera en que se dicen las cosas es muchas veces más importante que lo que se dice. Los gestos, la postura, la mirada… Los jóvenes perciben cuando la madre está mental o emocionalmente ausente, y esto puede generar el efecto contrario al buscado: el enojo y el aislamiento.

Trabajar con el coach sobre la inteligencia emocional también las ayuda a no exagerar, pues si ante un error o incumplimiento del hijo se reacciona desproporcionadamente es muy posible que todo termine en gritos e insultos. El autocontrol que se demuestre dará fruto y se traducirá en mejores relaciones y conversaciones en el futuro.

El coach debería orientar a la madre a que, aun cuando se encuentre trabajando o viajando, se organice, ubique en su agenda tiempo para llamar o contactar a sus hijos; esté conectada, atenta, manifiestamente interesada; y aprenda a comunicarse a través de los canales que ellos utilizan –por ejemplo, las redes sociales.

Con respecto a la madre, Elsner, Montero, Reyes y Zegers[17] señalan que es importante considerar la propia autoestima (dimensión que se ha mencionado en profundidad sobre las mujeres que se encaminan en una carrera laboral), ya que esta influye directamente en los hijos. Si la madre está bien consigo, lo transmitirá implícitamente a su hijo. La autoestima de los padres, la asertividad, además de la historia personal de la madre como hija, influirán en las actitudes de los hijos frente al mundo, en su forma de percibir y reaccionar ante la realidad. Serán estas actitudes las que se transmitirán a los hijos, aun con más fuerza que cualquier técnica aprendida. Por consiguiente, puede

---

17. Elsner, P.; Montero, M.; Reyes, C. y Zegers, B.: *La familia: una aventura.* Alfaomega, México, 2001

considerarse que cuando una madre (y también el padre) es capaz de aceptarse y valorarse como persona, esto le permitirá relacionarse mejor con sus hijos, su familia y su entorno.

En síntesis, la adolescencia es una etapa de transición particularmente difícil para el niño y en consecuencia para la madre, sobre todo si ella trabaja fuera de casa, porque carga con la desventaja de no estar todo el tiempo en el hogar. Durante el proceso de coaching, un tema a profundizar podría ser sus conocimientos sobre las características propias de la adolescencia, lo que le permitirá entenderlos mejor y tener una comunicación más efectiva. Es importante que la madre no se sienta sola en esta coyuntura, lo que le exige dejar de lado cualquier pretensión de omnipotencia. Se trata de un tema crítico, que debe trabajarse entre la madre y el padre a fin de ser coherentes y transmitir los mismos valores.

Enfrentando el retiro

"¿Y ahora qué hago?, ¿volver a mi rol de ama de casa?, imposible, no me adaptaría"; "¿cómo será el vínculo con mi marido?"; "¿retomaré la frecuencia en la relación con antiguas amigas que no trabajaron nunca?"; "¿aprovecharé para hacer cosas que postergué, o prefiero buscar otro tipo de tarea laboral"; "me costó tanto llegar, no quiero dejarlo todo"; "tengo mis nietos, mis hijos… ¿podrán verme ahora como mujer de su casa?".

Las consecuencias naturales del momento del retiro pueden ser similares a las vividas por los hombres, pero con algunas diferencias. Los sentimientos que generan los nietos pueden ser un motivo a la hora de evaluar la salida del mundo laboral. También puede influir el deseo de dedicarse a ocupaciones afines al instinto maternal, como la docencia y las actividades solidarias, o el deseo de disfrutar simplemente de ámbitos postergados.

La esperanza de vida ha aumentado y con esto el período de productividad laboral, lo que implica plantearse qué se espera del futuro luego de una vida laboral que ha costado mucho esfuerzo, ha obligado a superar obstáculos y ha generado grandes satisfacciones no vividas por las generaciones anteriores. En esta situación, la elección del coach se torna difícil; quizá sea imposible encontrar gente con mayor experiencia y entendimiento de lo que significa haber sido una líder femenina. De todos modos, el coach puede ocupar un papel relevante ayudando a identificar prioridades y preferencias y a ceñirse a ellas más allá de las expectativas sociales y familiares, de sus colaboradores y colegas. Con frecuencia, aparece el deseo de dejar un legado, tema que se analiza en el Capítulo 9.

Áreas de desarrollo de las líderes mujeres

Durante las diferentes etapas de la vida, van surgiendo necesidades específicas, desafíos, preocupaciones, planteos, cuestionamientos, dudas, que pueden abordarse con un adecuado proceso de coaching. Este, como intervención que apunta a facilitar el desarrollo, parecería ser de sumo valor para las mujeres, entre otras razones, por las siguientes:

• A lo largo de la carrera, hay que tomar decisiones vitales. Si bien esto es complejo para ambos géneros, los hombres corren con la ventaja de disponer de más antecedentes que les brindan cierto reaseguro de haber considerado todas las opciones antes de elegir.

- Las creencias y mitos socialmente instalados sobre cómo la mujer debe transitar una carrera hacia posiciones de liderazgo pueden ser una limitación. El coaching les permitirá detenerse y considerar distintas alternativas no convencionales.

- Elaborar con el coach una guía en la identificación de su pasión, de su sueño, de sus intereses, puede ser de suma utilidad, sobre todo si se tiene en cuenta que, dada la breve historia de la mujer en el mundo laboral, aun hay mucho para trabajar sobre la definición personal de qué significa el éxito.

- Uno de los pilares del crecimiento personal y profesional es identificar y reconocer los propios valores, mejorar la habilidad para relacionarse con otros, desarrollar la capacidad de controlar su propio destino y tomar decisiones que generen sensación de integración, de ser un todo[18], incluida la dimensión laboral. Históricamente esa dimensión no se consideraba parte de ese sentido de plenitud de la mujer. El coaching es una de las acciones de desarrollo más efectivas para lograr un mayor autoconocimiento, característica fundamental de un buen líder.

- El contexto social y laboral impone definiciones de éxito predeterminadas que no necesariamente coinciden con el modelo mental y emocional de las mujeres. Adicionalmente, cada persona tiene su propia concepción de lo que significa el éxito. Un buen coach puede guiar a la mujer en el viaje

---

18. Ting, Sharon & Sisco, Peter (editors): *The CCL Handbook of Coaching: A guide for the leader coach.* Jossey-Bass, San Francisco, 2006.

interior hacia el descubrimiento de las principales
fuentes de su motivación.

- Su reciente incursión en posiciones de liderazgo podría generar la sensación de que esto es algo que se
suma a su vida personal. El coaching puede ayudar
a la mujer a mirar su vida en forma más integral.
Los atributos de la mujer hacen que la mirada holís-
tica surja como algo natural.

- La escasez de modelos femeninos válidos y creíbles
refuerza la importancia de contar con un coach que
facilite la identificación de figuras, cualquiera sea
su género, que puedan tener un importante peso
en la vida de una mujer. Modelos sin duda hay,
pero ¿cómo identificarlos? En esta área, el coaching
se centra en impulsar a la mujer a buscar creativamente en ámbitos no laborales y a desarrollar su
propio estilo de liderazgo.

El coaching ayuda a elegir o reforzar la elección de un
área laboral, una carrera que a la mujer le despierte pasión
y tenga un significado, porque esas son las bases del camino
hacia el éxito, la felicidad y el auténtico compromiso[19]. El
autoconocimiento ocupa el centro de la escena porque la
única forma de elegir bien es siendo uno mismo, sabiendo
quién se es, cuáles son sus deseos y fortalezas, enlazando la
carrera a los propios valores, autoevaluándose a cada paso
para iluminar el camino e iluminarse, sin perder de vista
que no hay forma de separar lo que uno es de lo que se
quiere lograr con la carrera. Es importante minimizar los
límites impuestos y autoimpuestos, y que las mujeres puedan

---

19. Rezvani, Selena: *The next generation of women leaders.* ABC-CLIO, California, 2010.

soñar con lo que realmente desean, acerca de su proyecto de vida.

Apuntalar la confianza desde la perspectiva femenina

Ralph Waldo Emerson escribió que "la confianza en uno mismo es el primer peldaño para ascender por la escalera del éxito"[20]. Idealmente, la confianza es un bien que se construye desde temprana edad, en el seno de la familia, a partir de la mirada positiva de los otros. Luego se refuerza en la interacción con quienes se comparten distintos espacios (escuela, clubes, instituciones religiosas y comunitarias). Nadie puede negar el rol fundamental que tiene en todos los ámbitos de la vida la auténtica seguridad en uno mismo. Sin embargo, hay estudios que demuestran que en la sociedad moderna pocas personas, no importa cuán exitosas se muestren, desarrollan una confianza sólida en sí mismas[21].

Desde la perspectiva del coaching, existen dos niveles en los que puede abordarse la confianza: el de la creencia interna con un fuerte sentido de la competencia, y el de la manifestación externa de una actitud de seguridad[22]. Ciertamente, la segunda se nutre de la actitud que genera la primera, de allí la necesidad de focalizarse en la confianza interna. Pero, ¿cómo ayudar a construir la autoconfianza desde el coaching? Especialmente se requiere trabajar sobre el autoconocimiento de las propias fortalezas y no sobre las falencias, debilidades y razones de los potenciales fracasos.

---

20. Emerson, Ralph Waldo: *Confiar en uno mismo.* Gadir, Madrid, 2009.
21. Leimon, Averil; Moscovici, Francois & Goodier, Helen: *Coaching women to lead.* Routledge, East Sussex, 2011.
22. Ídem.

Apalancarse sobre los aspectos positivos de los atributos y comportamientos genera mayor seguridad para crecer, aunque no se deben desconocer las dimensiones a mejorar.

Construir redes activas. No está sola

En líneas generales, la conexión puede definirse como la necesidad de estar cerca de otros: familia, amigos, comunidad, colegas. Para las mujeres líderes, como hemos visto en capítulos anteriores, la conexión es importante, tanto que puede ser crucial en su desarrollo profesional. Compartir vivencias y experiencias similares, y desarrollar el sentido de pertenencia a un grupo, ayuda a minimizar la sensación de aislamiento que muchas veces perciben las mujeres. A medida que transitan el laberinto de la carrera, las mujeres pueden encontrarse sin presencia femenina y sentirse fuera de las redes de contacto masculinas existentes. Ya sea por las condiciones externas o por las autoimpuestas, el hecho de sentirse solas puede llevarlas a tomar excesivas responsabilidades laborales –sintiéndose imposibilitadas para delegar–, lo que a su vez hace que, sin darse cuenta, puedan saltearse el paso del armado de redes activas de contención, apoyo y enriquecimiento profesional.

Una valiosa contribución del coach es ayudar a la mujer a armar su mapa de relaciones y a establecer líneas de acción orientadas a fortalecerlas. Para esto, el coach puede trabajar con la coachee en:

- apuntalar la forma en que ella se ve (autopercepción) como profesional y analizar cómo hacer hincapié en sus fortalezas a la hora de hacer nuevos contactos, siendo auténtica y fiel a su estilo;

- planificar y prepararse para generar proactivamente nuevos contactos, definiendo dónde, cómo y cuándo;

- reforzar las conexiones existentes identificando previamente en cuáles dará mejores resultados la inversión;

- diferenciar los contactos profesionales de los familiares, sociales y otros, porque cada uno requiere un tratamiento diferente (es importante aclarar que cada contacto es un mundo y cada vínculo, un universo).

El coach no brinda recetas, ni en esta dimensión ni en ninguna otra. Solo guía, orienta, ayuda a descubrir y a generar nuevas ideas y paradigmas.

¿Qué valor tiene una red?

A las mujeres les cuesta dedicar el tiempo necesario a las redes laborales. En muchas ocasiones, las consideran una pérdida de tiempo que puede reorientarse para estar más con los niños, aprovechar a hacer trámites o llevar a cabo las tareas personales pendientes.

Pero estamos cada vez más conectados. Construimos relaciones en un universo de 360 grados. En las empresas y en los negocios, este hecho es vital porque amplía el área de gestión y permite establecer vínculos con variadas fuentes y recursos. A menudo resolvemos nuestros problemas a través de los contactos; las personas con las que preferimos negociar y realizar proyectos son aquellas que conocemos y en quienes confiamos.

Las redes son valiosísimas para las mujeres, entre otras razones, porque:

- en la mayoría de los casos se encuentra trabajo por medio de amigos o conocidos, en lugar de reclutadores, avisos o entrevistas con empleadores;

- les permiten conocer a profesionales que pueden operar como modelos, de los que pueden aprender y que pueden acompañar su aprendizaje y desarrollo laboral;
- es más fácil organizar una reunión, conferencia, viaje, etc., cuando se tienen contactos adecuados para cada una de las tareas requeridas;
- el ingreso a instituciones educativas, consultas médicas, organización de eventos, ventas, búsqueda de proveedores, compras…, es decir, casi todos los acontecimientos de la vida, suelen ser más efectivos a través de referencias y contactos;
- les facilita armar el mapa de personas que las ayuden a organizarse para cubrir todas las responsabilidades laborales, domésticas, familiares y personales;
- les ayuda a encontrar a las personas adecuadas (muchas veces otras mujeres) para compartir vivencias, experiencias, ideas que mitiguen culpas, angustias y ansiedades.

La apertura, la flexibilidad, la proactividad y la capacidad abierta de comunicación son habilidades centrales necesarias para participar en las redes de trabajo. Las mujeres las tienen, son atributos innatos: ¿por qué no aprovecharlos? Es posible generar las condiciones para que las redes se desarrollen, para que estén enfocadas en los intereses del trabajo, del negocio, sin descuidar la familia ni los espacios personales.

Buscar el equilibrio entre vida familiar y laboral

El dilema aparece constantemente en la agenda de la mujer que desempeña un activo rol de liderazgo. Nunca falta un amigo, familiar o compañero de trabajo que plantee: "estás dejando solos a tus hijos, ¿cómo se sentirán?, ¿no afectará su crianza?". O por el contrario: "¿no estudias ni trabajas?, "estás desperdiciando tu talento y el día de mañana, cuando tus hijos crezcan, te sentirás frustrada". No hay manera de esquivar la tan femenina culpa. Nada es suficiente ni adecuado.

En esta dimensión los planteos que surgen y pueden trabajarse con un coach son numerosos y dependen de cada mujer, de su perfil, sus decisiones de vida y su entorno. El coaching en general puede abordar los siguientes factores:

1. *Valores y motivaciones.* El primer gran paso para la mujer es ser honesta consigo misma: "¿qué quiero y cómo lo quiero alcanzar?"; "¿qué no estoy dispuesta a resignar?"; "¿cuál es mi motivación más intrínseca?". Esta es la parte más compleja, e implica interrogantes trascendentes, como, por ejemplo: "¿quiero tener pareja?", "¿quiero tener hijos?", "¿desarrollo primero mi carrera o primero consolido la familia?", "¿ambas al mismo tiempo? ¿cómo?", "¿soy consciente de mis fortalezas y limitaciones para llevar adelante este proyecto de vida?". El armado de un mapa mental de su propia vida, donde la mujer se ubique en el centro, puede ser el primer paso para establecer prioridades y darle al coach una idea de la percepción que la mujer tiene de su presente y futuro. Luego, el ejercicio consistirá en guiarla para que encuentre auténticas respuestas y su manera de concebir el equilibrio.

2. *Organización y delegación.* Este factor está vinculado con las decisiones sobre la red de contención y cuidado para sus niños y sus mayores –teniendo en cuenta el aumento en la expectativa de vida de la población–, y el costo emocional que esta delegación

significa. Si bien los hombres cada día participan más de la crianza de los hijos, se trata de una responsabilidad que recae, aun hoy, mayoritariamente sobre los hombros de las mujeres, llevándolas incluso a resignar espacios personales de placer o disfrute individual. Por supuesto que no hay una única solución, pero es claro que sola no puede: hay que resignar, confiar en otros y delegar, aun sabiendo que nadie lo hará como ella.

Desarrollarse integralmente

Como ya se ha señalado, las mujeres se ven a sí mismas como un todo. No separan sus roles sino que los integran. Por esta razón, parte del camino hacia el éxito deberá incluir el desarrollo integral y el sentirse completas como seres humanos. La integración de sus distintos roles puede ser una gran fortaleza en las mujeres líderes que buscan responder a las exigencias laborales, personales y domésticas para cumplir sus deseos tanto personales como profesionales. Esto puede presentarse inicialmente como un obstáculo en un mundo en el que aun se valoriza la prioridad otorgada al trabajo por sobre el resto de las áreas de la vida, debido a la permanencia del modelo masculino de liderazgo. Sin embargo, la complementariedad y el aporte que la multiplicidad de roles puede hacer al desarrollo de las capacidades de liderazgo no solo benefician el desempeño laboral sino también el bienestar psicoemocional en términos de satisfacción y autoaceptación[23]. Además, esto también representa un buen modelo para los hombres y las nuevas generaciones. Entonces, para que sea posible alcanzar un

---

23. Ting, Sharon & Sisco, Peter (editors): *op. cit.*

desarrollo integral de las personas, el coaching debería orientarse a lograr la inclusión de todos los roles de la vida.

Fortalecer la resiliencia

Las mujeres que ocupan puestos líderes –tanto como los hombres– deben enfrentar fuertes presiones, largas jornadas laborales y desafíos diarios. Pero generalmente, a diferencia de los varones, cuando llegan a sus hogares tienen que *cambiarse el sombrero* e iniciar su "otro" trabajo. No son pocas las ocasiones en que esto las lleva a sentirse exhaustas y reconsiderar su carrera. Hay quienes prosperan en estas condiciones, y quienes flaquean. La resiliencia es un atributo crítico para mantener las habilidades funcionando al máximo. ¿Qué es la resiliencia? Es el proceso por el cual un individuo funciona adecuadamente bajo presión, se recupera rápidamente de la adversidad, se adapta a las nuevas circunstancias[24] e incluso sale fortalecido.

Muchas mujeres sostienen una alta autoexigencia para crecer en su carrera y se sienten muy satisfechas. Pero para que esto sea sostenible, y consigan superar las demandas y problemas, deben comprender y reforzar su sistema de soporte y su salud física, mental, psíquica y espiritual. El coaching puede ayudarlas a visualizar más claramente sus acercamientos positivos y negativos al estado de resiliencia. Asimismo, las acompaña en el desarrollo equilibrado de todos los tipos de resiliencia, que son los siguientes:

- Resiliencia cognitiva: trabajar sobre la construcción de creencias positivas sobre sí misma y el mundo, el reconocimiento de pensamientos negativos, la am-

---

24. Leimon, Averil; Moscovici, Francois & Goodier, Helen: *op. cit.*

pliación de su capacidad de resolver problemas y la identificación de sus fortalezas.

- Resiliencia emocional: reconocer y desarrollar los propios sentimientos y los ajenos, y la habilidad para gestionar la impulsividad.

- Resiliencia actitudinal: construir redes activas, evitar descuidar lo físico en momentos de crisis y apuntalar la seguridad en sí misma haciendo hincapié en sus fortalezas.

Apropiarse del destino

Así como las expresiones "techo de cristal" o "piso pegajoso" ganaron terreno durante mucho tiempo, un concepto más reciente, acuñado por Eagly y Carli[25], el "laberinto de cristal", se usa cada vez con mayor frecuencia porque aplica a todas las mujeres que desempeñan un trabajo y no solo a aquellas que apuntan a llegar a la cima.

Si bien cada mujer reacciona de manera diferente con respecto al escenario que el laberinto genera, es importante evitar desanimarse para no desperdiciar ninguna oportunidad de exponer su trabajo, levantar el perfil y ser "vista". Por ejemplo, ante una decisión potencialmente discriminatoria, una mujer puede reaccionar paralizándose, enojándose, disminuyendo su energía, o, por el contrario, energizándose, aumentando su capacidad de decisión, etcétera. Desde el coaching es necesario trabajar para que cada mujer comprenda las emociones y mecanismos cognitivos que se generan, y ayudar a focalizarse en los comportamien-

---

25. Eagly, Alice H. & Carli, Linda L.: *Through the labyrinth. The truth about how women become leaders.* Harvard Business School Press, Boston, 2007.

179

tos requeridos para sortear los obstáculos, sondear alternativas y descubrir las emociones que provoca el camino.

El coach puede preparar a la mujer para la ruta desafiante que conlleva alcanzar una meta laboral. ¿Qué acciones serán necesarias? Reforzar la perseverancia, la capacidad resolutiva y la creatividad para superar dificultades o cambiar de dirección; anticipar potenciales "trampas" propias del mundo del poder; definir los planes de acción a seguir, y, aun cuando pueda ser considerada una característica mayoritariamente masculina, desplegar la asertividad para sentir que interviene activamente en la construcción de su propio destino.

Construir la marca personal

Cada ser humano es único. En el mundo laboral existe la natural tentación de imitar a otros, de tomar los modelos no como orientación o fuente de aprendizaje sino como *espejo*. Más allá del género, sostener la propia identidad es fundamental para el éxito profesional. Pero, ¿cómo desplegar lo que uno realmente es? La imagen de marca es un concepto ampliamente utilizado en el ámbito del marketing, y se refiere a la identidad de un producto, servicio o negocio que se utiliza para describir su posicionamiento. La marca personal es lo que distingue a cada ser humano, resultante de una combinación de tres factores: propósito, fortalezas y carácter.

- *Propósito:* impacto de la persona en el mundo ("quiero crear mi propia empresa basada en mis principios y que a futuro quede para mis hijos"; "quiero contribuir a que la empresa sea competitiva y responsablemente solidaria, sin descuidar mi vida personal y familiar"; "quiero construir una familia apoyando a mi marido y criando a mis hijos").

- *Fortalezas:* son los conocimientos, habilidades y pasiones que permiten cumplir con el propósito (estudios, trayectoria profesional, experiencias concretas que permiten desarrollar competencias).

- *Carácter:* son los valores más profundos de la persona.

El objetivo principal de la marca personal es crear valor para uno mismo y para los demás. Ayuda a encontrar el camino profesional equilibrando todos los ámbitos de la vida. Inspira a hacer mayores aportes y ayuda a ser más atractivo y auténtico.

Construir y mostrar la marca personal se torna fundamental cuando se alcanza un nivel de liderazgo que posiciona a la persona en un lugar claramente recortado respecto de los demás. En el caso de las mujeres, aparece un desafío adicional: hacerlo en un entorno donde las cualidades masculinas predominan. ¿En qué dimensiones de la marca personal podría centrarse el proceso de coaching? Veamos algunas:

- *Identificar y sostener las creencias y los valores.* Es un factor importante también para los hombres, pero ya están acostumbrados a apegarse a ellos en el mundo del trabajo. La mujer debe habituarse a manifestar sus valores en cada comportamiento y decisión a pesar de las presiones que el mundo laboral pueda imponer.

- *Revisar la apariencia, reforzar el comportamiento de impacto y la presentación confiada.* Las mujeres necesitan verse profesionales, moverse y sentirse como tales. Aunque parezca frívolo, implica prestar atención al vestuario, accesorios, maquillaje y, especialmente, a la actitud. El secreto para asegurarse de que los demás tengan una buena impresión es darla. Cada detalle cuenta. El coach puede ayudar a sostener el propio estilo aprendiendo a acomodarlo a los diferentes entornos, interlocutores y situaciones. Muchas veces se supone que lo estético no debe resaltarse y hasta ocultarse, por temor a que los otros piensen que se utiliza para influenciar o ejercer poder. Por el contrario, es una característica específicamente femenina que no debería descuidarse; es algo intrínseco. El coach puede contribuir con herramientas para el manejo del lenguaje corporal y verbal, siempre reforzando la idea de lo genuino, que brinda seguridad y fidelidad a sí mismas.

- *Afianzarse en las propias motivaciones.* El primer gran paso es indagar cuál es el anclaje profesional, y su relación con lo familiar y personal. Esto parecería ser más difícil entre las mujeres debido a que aun no están acostumbradas al mundo laboral masculinizado y al hecho de que las culturas no han logrado internalizar rasgos femeninos.

- *Construir una definición de éxito propia.* Este es uno de los factores más complejos, especialmente en una sociedad que impone ejemplos de éxito frívolos o centrados en un eje: el cuerpo perfecto y la belleza eterna, la cima del poder y las ganancias monetarias, la familia perfecta, la pareja envidiada. Cada persona debe delinear su propia concepción de éxito. Lo relevante es indagar en lo más profundo y combinar las necesidades y deseos de todas las facetas de la vida, más allá de las expectativas y los prejuicios sociales.

Desarrollarse como líder y no solo como ejecutora

La ausencia de una variedad de modelos femeninos fuertes lleva a las mujeres a no estar suficientemente equipadas para el ejercicio del liderazgo. Al no sentirse identificadas con el modelo masculino, pueden considerarse incapaces de tener éxito y, más aún, de encontrarse a gusto en un puesto jerárquico. Muchas veces su valiosa capacidad para el *multitasking* se torna un problema, porque son vistas como buenas implementadoras y no como visionarias. Es necesario que aprendan a delegar efectivamente para extender su influencia y contar con tiempo para pensar estratégicamente, desarrollar un punto de vista fuerte y hacerlo conocer. Al respecto, un buen proceso de coaching puede ayudar a que las mujeres:

* elaboren a conciencia los objetivos de trabajo a corto y largo plazo;

* eviten que el listado de tareas del día sea interminable y establezcan cuáles son pasibles de delegar;

* construyan su efectividad personal obviando la tendencia a involucrarse en los pequeños detalles, sin descuidar su capacidad de análisis;

* exploten su potencial creativo generando maneras innovadoras de solucionar problemas habituales;

* formen buenos equipos de trabajo y se apoyen en ellos, comunicando y escuchando efectivamente;

* celebren los pequeños logros y reconozcan los esfuerzos propios y de los demás;

* midan su autoexigencia y reserven espacio en su agenda para otras actividades no estrictamente laborales (eso no significa perder el tiempo);

- mantengan una dinámica de constante actualización y formación profesional y personal; y

- no olviden las herramientas fundamentales que las diferencian: intuición y emocionalidad.

El resultado se verá en mayor efectividad y eficiencia en el rol, en un liderazgo fuerte y en la posibilidad de convertirse en modelo para las nuevas generaciones de mujeres.

Concluyendo

La filosofía del coaching es similar en las diferentes teorías y modelos. Sin embargo, lo que realmente define un tipo particular de coaching es el destinatario, sus objetivos y el contexto en el que se despliega. Por eso podría plantearse un tipo de coaching más apropiado para las mujeres que se embarcan en el camino de desarrollarse profesionalmente: el coaxxing, una propuesta central de este libro. Esta variante específica y novedosa se adapta mejor a las exigencias que el mundo laboral impone a la mujer que aspira a tener una vida que equilibre lo laboral, lo familiar y lo personal en todas sus dimensiones (física, psíquica y espiritual).

Las dimensiones más relevantes a tener en cuenta para llevar adelante un proceso de coaxxing exitoso son:

1. Asumir que las mujeres difieren en sus necesidades, características, atributos y estilos. Cada relación coach-coachee que se entabla es única y le exige a un buen coach tomar en consideración, además de las particularidades de cada ser humano, las condiciones propias del género, y comprender y revisar las etapas clave de la carrera de la mujer. Su ciclo

vital se cruza con los niveles de liderazgo que va asumiendo. Hemos analizado, en cada etapa, no solo lo
que vive la mujer desde la dimensión laboral, sino
también una problemática esencial para ella, que
son los hijos (y otros aspectos relacionados con la
maternidad). El modelo tradicional de familia poco
o casi nada tiene que ver con las familias actuales.
Las parejas y, en particular, las mujeres se pregun-
tan hoy qué es ser una buena madre. Esta preocupación aumenta a medida que crecen los hijos, y ni
qué decir en etapas como la adolescencia, en la cual
puede llegar a ser una verdadera batalla dilucidar
quién es quién en el concierto familiar. Entre las
principales inquietudes de las madres se encuentran cómo desempeñarse bien en ese rol familiar,
cómo afrontar las tareas y cumplir lo mejor posible
con ese papel, sin dejar de trabajar para alcanzar
el objetivo laboral que ambiciona. Al respecto, es
importante no perder de vista que:

- las necesidades femeninas varían según la carrera y la etapa vital en que se encuentra la mujer; crecer hacia posiciones de liderazgo es un
  desafío para todos, en particular para las mujeres, "novatas" en este campo, implica tomar
  decisiones y asumir riesgos;
- muchas dificultades suelen presentarse en el nivel en el que una gran proporción de mujeres
  deciden iniciar una familia y tener hijos;
- el coaching, para ser efectivo, debe trazar un puen-
  te entre la vida familiar, personal y profesional;
- los coachs deben tener en cuenta que el progreso de las mujeres a través del laberinto profesional no se produce de forma lineal ni única;

- asimismo, deben orientar a la mujer a que esté predispuesta a solicitar ayuda, a apoyarse en los que la rodean, a complementarse con los varones, tanto en el trabajo como en su familia.

2. El coach debe conocer las preocupaciones con las que la mujer lidia cuando se desenvuelve en el mundo del trabajo, especialmente en espacios de liderazgo. Eso lo ayudará a orientar la discusión y a lograr la identificación de las dificultades. El coach puede ayudarla a afrontar sus necesidades más relevantes, aquellas inquietudes que más la aquejan. Una mayor conciencia les permitirá a ambos alcanzar más ampliamente los objetivos que se hayan planteado para el proceso de coaching.

Cada persona es única. Cada proceso de coaching es especial. No existe una única definición de éxito ni un único camino para alcanzarlo. Esta es la principal premisa del coaxxing.

CAPÍTULO 7

COAXXING EN ACCIÓN

Se ha resaltado que el coaching (término utilizado en este libro para lo que se propone como coaxxing) es un proceso conversacional, un diálogo, que requiere un vínculo de empatía y confianza entre el coachee (en este caso, mujer) y el coach, y cuya meta es identificar y resolver preocupaciones o brechas de conocimientos, así como detectar y potenciar habilidades y actitudes en un período delimitado, a través de un número pautado de reuniones.

Parto de una definición ya mencionada en el capítulo anterior y que considero que representa cabalmente el coaxxing. Según Pierre Angel y Patrick Amar: "El coaching crea un espacio en el que la persona puede, en el marco de una relación intersubjetiva específica y a través de una asociación estimulante, optimizar sus recursos y eliminar obstáculos para su crecimiento, hacer que surjan nuevas competencias y conocimientos, y sentirse en un ambiente confiable y de motivación"[1].

El coaxxing, en tanto la protagonista es femenina, tiene la característica de que durante el proceso se entrecruzan

---

1. Angel, Pierre y Amar, Patrick: *Guía práctica del coaching.* Paidós, Madrid, 2007.

constantemente un coaching profesional (o ejecutivo, en el caso de líderes en puestos directivos) y un coaching personal. Esto responde a que la mujer aún está tratando de encontrar su lugar, especialmente en posiciones de liderazgo. Si bien siempre el foco es mejorar cuestiones vinculadas a lo laboral, en general no se pueden aislar las diferentes dimensiones de la vida. Surgen temas personales, familiares, domésticos, que muchas veces caracterizan, obstaculizan o facilitan la carrera.

Esto requiere de un perfil de coach muy especial, muy bien formado en disciplinas variadas, que sepa dónde están los límites y cómo guiar a la coachee poniendo foco en el objetivo de desarrollo, sin dejar de identificar otros factores emergentes, para que no solo no entorpezcan el proceso sino que lo enriquezcan.

Un coaching más ajustado al estilo y las necesidades de las mujeres es una intervención muy valiosa en tanto se den algunas condiciones:

- Gestionar al proceso tomando en consideración las características femeninas, su estilo de liderazgo, las preocupaciones y obstáculos que frecuentemente se les plantean.

- Acordar los objetivos de manera precisa para que se prioricen las cuestiones profesionales, pero sabiendo que otras, más personales, se pondrán en juego.

- Entender apropiadamente el rol y las características del coach. No necesariamente debe ser una mujer, en absoluto, pero su perfil tendrá cualidades que le permitan abordar efectivamente el proceso.

Como se ha hecho hasta ahora a lo largo de la obra, en este capítulo se utilizarán las palabras coaching, coach y coachee sin traducirse al español. Asimismo, en tanto el término coachee en inglés no informa el género, acá consideraremos siempre que se trata de una mujer. También se supondrá que la coachee tiene como desafío fortalecerse en posiciones de liderazgo.

El proceso

Si bien hombres y mujeres pueden beneficiarse con un coach que aplique de manera efectiva los fundamentos del proceso de coaching, también es cierto que hay determinadas particularidades que deben tenerse en cuenta a la hora de aplicar el modelo a mujeres líderes, sobre la base de sus características profesionales y personales.

El coach, a través del lazo emocional, habilita un diálogo orientado a acercar las expectativas a la realidad. Cada conversación es una oportunidad para escuchar ideas e involucrar a las personas en los procesos de planteamiento y resolución de problemas.

El coaching es un espacio privilegiado y único, porque puede guiar a la persona en sus cuestionamientos y llevarla del "por qué" al "para qué", habilitando y facilitando el proceso por el cual se libera la creatividad, se aportan soluciones, se generan ideas y se estimula el entusiasmo.

La demanda de coaching, especialmente por parte de las mujeres, es fundamentalmente una búsqueda de mayor coherencia y sentido en la tarea laboral, compatible y complementaria con sus intereses personales y responsabilidades familiares, domésticas y comunitarias. La coherencia permite alinear valores y afirmar la individualidad. Tras el objetivo inicial y explícito de mejorar las competencias se esconden otros, a menudo relacionados con la búsqueda de la identidad profesional y la realización familiar y social.

Las investigaciones sobre coaching son muy vastas y sería imposible describirlas todas. En este libro he optado por utilizar un enfoque muy analizado y probado: el del CCL® (Center for Creative Leadership[2]), porque creo que es un modelo que permite atender apropiadamente aquellos aspectos en los que hombres y mujeres difieren.

Primer paso (y pilar de todo el proceso): establecer un buen vínculo

> Metas: conocerse mutuamente generando empatía, e iniciar el proceso de coaching con la confianza y la apertura necesarias para alcanzar los resultados planteados.

El coaching efectivo requiere establecer una buena relación coach-coachee, una instancia de colaboración que brinde la confianza necesaria para facilitar el desarrollo de liderazgo. La creación de un ambiente de crecimiento y aprendizaje depende, en gran medida, de que se pueda establecer un vínculo seguro y de soporte. Como ya se ha señalado, más de un autor sostiene que el crecimiento, desarrollo y efectividad de las mujeres tiene estrecha relación con la conexión que pueden establecer con otros.

El concepto de empatía mutua significa que ambas partes están comprometidas en compartir pensamientos y sentimientos, entender y ser entendido, creando así un flujo de ideas que guíe hacia el desarrollo. Es importante que el coach esté atento a no desvirtuar los roles y a poner los límites sobre la base de las posiciones de poder. Esto facilita el autorizarse mutuamente a abrir las puertas del proceso.

---

2   En: http://www.ccl.org/Leadership/. Greensboro, North Carolina, USA.

Entre las relaciones que la mujer traza en forma de telaraña, debe embeberse de la que entabla con el coach: este es el pilar del cual depende todo el proceso de coaching. Un vínculo profundo no puede moldearse en unos días. Debería generarse un círculo virtuoso: los primeros encuentros deben hacer sentir seguro al coachee, especialmente si es mujer, dado que suele abrirse rápidamente y espera que no se la traicione. En la medida en que estos primeros pasos respondan a las expectativas, el camino ya estará allanado. Para que esta etapa sea efectiva, la calidad de la relación debe cuidarse y basarse en el compromiso, debe construirse en el transcurso del proceso y no solo inicialmente. Por otra parte, el coach tiene que:

- ponerse en el lugar del otro y abrirse, identificar las necesidades más profundas;

- definir las reglas de la relación;

- apoyarse en las fortalezas para trabajar sobre las áreas de mejora;

- dialogar, preguntar, escuchar; despojarse de prejuicios.

Segundo paso: diagnóstico

> Metas: analizar la situación actual (puntos fuertes y áreas de mejora), e identificar los retos que la coachee se propone superar.

Aspectos del diagnóstico que deberían
tenerse en cuenta en un coaching de mujeres

Para que el coaching sea fructífero, debe partirse de la obtención de información a través de diversas herramientas.

La autoevaluación y la evaluación de otros sobre las competencias de liderazgo de la coachee son un muy buen punto de partida. En un ámbito donde predominan los hombres, es fundamental para una líder comprender los puntos de vista masculinos y contrastarlos con la mirada propia, porque aportan información muy rica.

Es muy habitual utilizar la herramienta de evaluación de 360 grados[3]. Sin entrar en una descripción detallada, esta herramienta se basa en la retroalimentación (feedback) de subordinados, jefes, pares y clientes. El individuo es calificado por sí mismo y por los otros, pero para que tenga el resultado deseado, quien recibe el feedback debe considerarlo útil, creíble y relevante. En esta instancia muchas mujeres se plantean cuánto habrá de prejuicio y discriminación en el feedback, por lo cual el coach debe ser sensible a este punto y ayudarla a descifrar si los datos provienen de una evaluación realista y objetiva. Para impulsar su desarrollo es indispensable que la mujer perciba que los demás han sido "justos"; si no, buscará excusas que irán en detrimento de su autoconfianza (en muchos casos, una cuestión clave a trabajar en las mujeres) y sus posibilidades de crecimiento.

Otro escollo a superar es que probablemente los evaluadores hombres tengan poca experiencia en brindar feedback a líderes mujeres, lo que puede distorsionar el resultado al hacer intervenir otros factores: "¿y si hiero sus sentimientos?"; "¿pensará que lo que digo lo digo por su condición de mujer?"; "el problema es que aún no sabe moverse en el mundo corporativo"; "espero que este feedback la ayude a entender cómo operamos nosotros, los hombres, así se integra mejor"; "¿la evalúo desde lo que observo o sobre la base de lo que, según mi opinión, debería ser una mujer líder?".

---

3. Ting, Sharon & Sisco, Peter (editors): *The CCL Handbook of Coaching: A guide for the leader coach.* Jossey-Bass, San Francisco, 2006.

Es muy importante que el coach trabaje para obtener respuestas concretas y detectar prejuicios, miradas discriminadoras, autobloqueos, falta de perspectiva; pedir y dar ejemplos puede ser una buena estrategia para detectar estos comportamientos. Respecto del feedbak 360° y otros instrumentos de diagnóstico, debería asegurarse que hayan sido validados con muestras significativas de mujeres, y que los criterios de evaluación permitan una comparación equitativa entre individuos de ambos géneros.

Observación y análisis de resultados

El análisis de los resultados por parte del coach y su guía para que la coachee los entienda, despojándose de sus propios preconceptos y prejuicios, es un elemento clave para establecer metas claras y evaluar su progreso. La información obtenida puede ayudar a la coachee a identificar su ubicación dentro del laberinto de su carrera[4], obtener un mapa para hallar su posición en el ámbito donde se desenvuelve.

Aquí entra en juego la visión de éxito que posee el coachee, que muchas veces difiere según su género. Mientras que para los hombres el éxito se mide (en general aunque no exclusivamente) por los logros, el estatus y la posición alcanzados, las mujeres utilizan frecuentemente indicadores más subjetivos y una visión más general de cómo ese progreso les mejora la vida. Ellas tienden a valorar las acciones cotidianas que pesan en el hoy pero que pueden cambiar el mañana, que hacen un aporte al negocio en el que trabajan y también al bienestar personal y el de sus hijos. Las varas con que miden las mujeres no solo se relacionan con el crecimiento propio sino también con el de los

---

4.   Eagly, Alice H. & Carli, Linda L.: *Through the labyrinth. The truth about how women become leaders.* Harvard Business School Press, Boston, 2007.

demás. Así, algunas de las premisas para que la etapa de diagnóstico responda a lo esperado son:

- Toda opinión es válida, aun cuando pueda estar teñida de prejuicios.

- Las emociones nos enseñan.

- Es conveniente no tomarse las cosas en forma personal.

- Se puede confiar aun cuando no siempre la gente dé lo mejor de sí.

- La intuición tiene un gran valor y debe ser escuchada.

- La confianza en uno mismo es clave y se construye.

- Pedir la opinión de otros y escuchar son indicadores de seguridad en uno mismo, generan cercanía y pueden mejorar la relación.

- Los problemas son oportunidades.

Tercer paso: desafío

> Metas: definir, acotar y acordar los objetivos, y establecer el plan de acción con tareas concretas.

Un rol muy importante del coach radica en desafiar, movilizar al coachee para que pueda replantearse su situación laboral y encaminarlo hacia metas significativas.

Hay un sinfín de maneras de desafiar. Quienes coachean a mujeres deben tener presente que ellas experimentan la vida laboral de forma distinta a como lo hacen los hombres. En la realidad profesional actual, donde la diversidad aún se abre paso, las mujeres encuentran obstáculos que los hombres no deben enfrentar. Conocer esos obstáculos facilita establecer las causas que las detienen o demoran en su desarrollo. El coaching aparece como una oportunidad de desterrar los mitos arraigados en la cultura y, a su vez, permite a las mujeres sentirse profesionales, emocional y personalmente aptas para enfrentar los desafíos que tienen por delante.

Desafiar implica hacer preguntas oportunas y pertinentes, pero sobre todo ayudar a la coachee a plantearse cuestiones movilizadoras y estimulantes:

- "¿Qué es exactamente lo que quiero?; ¿puedo describirlo con mayor precisión?"

- "¿Qué preferiría en lugar de lo que tengo?"

- "¿Qué percibiré y sentiré exactamente cuándo logre mis objetivos de desarrollo?, ¿cuándo y cómo sabré que los he alcanzado?"

- "¿Cuánto tiempo necesito para alcanzarlos?, ¿cuándo quiero alcanzarlos?"

- "¿Cómo voy a medir mi progreso hacia mi objetivo?"

- "¿Qué beneficios me aporta hacer esto?"

- "¿Cuán importante es para mí?, ¿por qué es importante?"

- "¿A qué no renunciaría por esta situación?"

- "¿Qué limitaciones encontraré?, ¿qué otras alternativas existen?"

- "¿Qué puedo aprender de esta experiencia?"

- "¿Cuál es la mejor opción para resolver esta situación?"

- "¿Qué no estoy dispuesta a cambiar?"

- "¿A qué me estoy resistiendo?"

- "¿Cuáles son mis habilidades y talentos?"

- "¿Qué hábitos me están frenando?, ¿hasta qué punto estoy comprometida con mi objetivo?"

- "¿Cuáles son mis recursos en esta situación?"

- "¿Qué es lo que más me motiva?"

- "¿Qué es lo mejor y lo peor que podría suceder?"

- "¿A qué me he comprometido?, ¿qué más voy a hacer?"

- "¿Quién puede ayudarme?"

- "¿En qué áreas de mi vida no me siento satisfecha aún?"

Estas preguntas deberían llevar a diseñar un plan de trabajo efectivo. Teniendo presente el diagnóstico previo y a partir del objetivo a alcanzar y la brecha existente, se definen tiempo, cantidad, duración y frecuencia de las reuniones. El proceso de coaching es una secuencia de encuentros constantes, viables y con una frecuencia determinada para no perder el hilo del proceso. El plan de trabajo contempla:

1. Meta clara, específica, positiva y alcanzable.

2. Finalidad: ¿para qué?

3. Acciones detalladas para cada día/semana/mes hasta llegar a la meta final.

4. Recursos y apoyos con los que se cuenta para alcanzarla; punto fundamental, especialmente si a la mujer le cuesta delegar. Etapas del proceso y fechas.

196

5. Obstáculos y limitaciones tanto internas como externas. Por ejemplo, las creencias limitadoras que paralizan, o la falta de tiempo, etcétera.

6. Indicadores de seguimiento. ¿Cómo se va a medir el progreso? ¿Con qué periodicidad?

La mujer necesita contar con la comprensión de los amigos y la familia con respecto al valor que tiene la carrera para ella. Organizarse y delegar en personas de confianza son las únicas opciones, pues cualquier plan de desarrollo requiere tiempo adicional al que habitualmente demanda la tarea laboral. Es preciso entender que todo resulta mejor con los otros, especialmente complementarse con la visión y la ayuda de varones del ambiente de trabajo y, sobre todo, de la pareja.

Las siguientes son algunas de las premisas que hay que tener presentes para que esta etapa responda a lo esperado son:

• Es posible disminuir el riesgo.

• Siempre hay una forma mejor.

• El éxito es un efecto.

• Las respuestas existen, están en uno mismo.

• No hay fracaso, tan solo aprendizaje.

• Tenemos todos los recursos que necesitamos, o podemos crearlos.

• Todo comportamiento tiene un propósito.

• Tener alguna opción es mejor que no tener ninguna.

• Creamos nuestra realidad.

Cuarto paso: apoyo

> Metas: generar motivación y capacidad para el cumplimiento de los objetivos; y acompañar a la coachee durante el proceso de cambio y generación de hábitos.

En los niveles profesionales más altos, las mujeres suelen padecer el aislamiento más frecuentemente que los hombres y recibir, naturalmente, menos apoyo de sus pares. Si bien los hombres también pueden requerir contención, son las mujeres las que quedan con más frecuencia fuera de ciertos círculos. Una vez más, la creación de redes (networking) se torna fundamental.

Por otra parte, lo emocional también entra en juego en este proceso. Seguramente surgirán sentimientos, angustias, ansiedades, que suelen expresarse de diferentes maneras. El coach ocupa aquí un rol fundamental. Por un lado, ayudando a la coachee a entender esas sensaciones y cómo impactan en su desarrollo y efectividad profesional, de dónde surgen, qué valor tienen, qué aprender de ellas. Por otro lado, ayudándola a establecer los límites adecuados entre lo personal y lo laboral. El coach, entonces, puede dar apoyo no solo en lo que hace a información, tareas, recursos, estrategias, sino también en lo emocional, lo relacional, siempre y cuando no se desvirtúe su rol. El límite es una línea muy fina, y fácil de traspasar. Y entender esto depende de la capacidad y formación del coach.

Algunas de las condiciones para que la etapa de diagnóstico responda a lo esperado son:

- Validación.
- Actitud positiva y energía.
- Confianza.

- Contención.
- Sensibilidad.
- Feedback (retroalimentación).

Aún hay mucho por recorrer

Si bien distintas teorías sugieren que el coaching orientado a una relación colaborativa, segura y de empoderamiento puede ser de suma utilidad para el desarrollo del liderazgo, no hay mucha investigación sobre la eficacia de este proceso en el caso de las mujeres. Los resultados preliminares muestran un futuro promisorio, pero es prematuro sacar conclusiones. El coaching ha ganado y ganará espacio como herramienta para el desarrollo profesional. Un coaching realmente efectivo para mujeres ejecutivas es cada vez más relevante en un mundo en el que ellas representan una oportunidad, no solo por el aumento de su participación en los espacios de liderazgo y de toma de decisiones, sino también por poseer condiciones y habilidades complementarias a las tradicionalmente denominadas *destrezas masculinas*.

Un rol de gran responsabilidad: el coach

El coaching no es un hecho aislado sino un proceso conversacional, en el que subyace una relación. Es experiencial, de aprendizaje, de conexión interpersonal. Comprende un equilibrio entre dos aspectos absolutamente entrelazados y mutuamente influyentes:

- La dimensión del desempeño: consiste en acompañar en la tarea y carrera.

- La dimensión de la relación: consiste en dar apoyo y establecer un vínculo personal que favorece el crecimiento.

En este marco, es responsabilidad del coach delimitar ambas dimensiones, aun cuando, especialmente en las mujeres, se entrecruzan permanentemente y en cuestiones que varían en cada momento de su ciclo de vida laboral y personal. Poner límites es un mecanismo que permite que el coaching no se confunda con una función terapéutica ni direccional más propia de un jefe.

El coach define con el coachee claros estándares de avance y crecimiento. El coach establece el tono de la relación y esto implica un gran compromiso y responsabilidad. El coachee deposita su confianza y se abre a esta persona que se supone que lo guiará para desplegar al máximo su potencial, aclarando expectativas mutuas de mejora profesional durante un tiempo acotado y con objetivos específicos.

En tanto relación de ayuda, el coaching no escapa a los procesos recíprocos de influencia y de poder subyacentes en la relación. El coach debe asumir esa responsabilidad dando prueba de una ética impecable, respeto a los principios de competencia profesional, responsabilidad, confidencialidad y obligación moral puestos exclusivamente al servicio del desarrollo del coachee.

Algunos atributos de un buen coach

El coach no juzga, no critica ni brinda recetas, no se basa en "decir" o "direccionar", no se focaliza en la propia experiencia, ni ofrece soluciones. Tiende más bien a explorar, apoyar, preguntar, ofrecer perspectivas, desafiar, invitar a la reflexión. Es paciente, receptivo y observador, atento para lograr una genuina conexión. Debe tener capacidad para mantener la reserva, ser discreto.

Un buen coach comprende al otro poniéndose en su lugar, lo ayuda a descubrir el buen rumbo y, haciendo de espejo, lo guía, confronta y estimula.

Entre los rasgos más distintivos y efectivos de un coach se destaca la credibilidad. La confianza que acompaña a la credibilidad surge, entre otras cosas, de que el coach sea un modelo en su decir y accionar. El coach también crece y aprende durante el proceso de coaching.

En todos los casos, aun cuando las habilidades surjan naturalmente o resulten de un proceso de entrenamiento, el coach responsable debe actualizarse constantemente, practicar y estar lo suficientemente abierto como para escuchar opiniones y recibir feedback que contribuyan a su enriquecimiento.

Coacheando a una mujer

En tanto tenga una vocación genuina y el deseo de desempeñar la función en forma profesional, auténtica y disciplinada, el coach podrá adecuar el proceso, la modalidad de comunicación y el foco del coaching al estilo y objetivos de la coachee.

La mujer necesita ser escuchada, y poder hacerlo genuinamente es una de las habilidades más importantes del coach. Escuchar implica concentrarse no solo en lo que el otro dice y cómo lo dice, sino también en atender los detalles, interpretar lo que no se ha dicho, a través del lenguaje gestual y corporal y de determinadas actitudes.

Algunas premisas importantes que el coach debe considerar en caso de trabajar con una mujer son:

- Demostrar, a través de lo que se dice y lo que se hace, sus actos y discursos, respeto por la diversidad.

- Interpretar correctamente lo que la mujer necesita mejorar y ayudarla a que acote los objetivos. Puede suceder que aparezcan muchas preocupaciones personales, familiares y laborales que requieran priorización y categorización.

- Ayudarla a entender los límites del proceso de coaching. No es terapia ni mentoring.

- Encuadrar la relación en:

  a) el momento personal y laboral que atraviesa;

  b) el contexto en el que se desempeña (una empresa propia, una compañía grande mayormente masculina, un empresa pequeña, familiar, con dueño hombre –o mujer–, etc.).

- Ser flexible y capaz de pasar rápidamente de un tema a otro –la mujer en general lo hace–, sosteniendo el foco.

- Considerar la importancia que la intuición y las emociones tienen para la mujer.

- Ayudarla a sentirse segura de sí misma, hacerla sentir cómoda para que se abra y confíe en el proceso.

- Estar "con" ella, esto es, hacerle sentir que realmente el coach se conecta.

- Estimularla a que busque la ayuda (a veces su autoexigencia no se lo permite) de otras figuras clave de su ámbito personal y laboral; el coaching no soluciona todo.

- Orientarla a que entienda que muchas de las situaciones que pueden hacerla sentir diferente en un mundo mayormente masculino no son personales hacia ella, sino propias de la cultura.

- Guiarla para que comprenda que el reconocimiento que la mujer necesita muchas veces no es explícito en el ámbito del trabajo. Profundizar el diálogo, escuchar, leer entre líneas; a veces la mujer puede no ser tan directa cuando comparte sus preocupaciones.

Una de las competencias clave del coach: la escucha empática

Mencionada la importancia que tiene, particularmente para la mujer, ser escuchada, y en tanto competencia clave de un buen coach, profundicemos en el diálogo activo y la escucha empática como procesos inherentes al coaching.

Sintonizar con el otro, ponerse en su lugar, entenderlo desde su propio marco de referencia constituye una dimensión clave en el diálogo proactivo y activo. Stephen Covey lo describe como un hábito de la gente efectiva: *procure primero comprender, y después ser comprendido*[5]. Esto facilita al coach el acercamiento al coachee. A través de la escucha empática es posible ver las cosas con su mirada, entender su paradigma y sus sentimientos; ayuda al otro a sentirse afirmado, valorado y apreciado emocional e intelectualmente.

Las personas en general, y las mujeres en particular, no necesitan de grandes respuestas y soluciones; simplemente saber que son escuchadas y comprendidas. Esto supone un cambio de paradigma. Lo típico es procurar ser comprendidos antes que comprender al otro. Lo habitual es escuchar con la intención de contestar. La tendencia general es aconsejar sobre la base de la propia experiencia; dar por sentados los

---

5. Covey, Stephen: *The seven habits of very effective people.* Simon & Schuster, New York, 1990.

motivos, conductas o actitudes del otro; actuar en forma indiferente o generar barreras defensivas. Ninguno de estos abordajes favorecerá la construcción de una relación efectiva de coaching. Abrirse y ayudar al coachee a hacerlo a través del diálogo basado en la escucha activa brinda la oportunidad de desenmarañar los problemas y percibir con claridad el camino hacia la mejora y el logro de los objetivos planteados.

Los coachs más experimentados utilizan las siguientes técnicas para demostrar empatía y escucha:

- Mantienen contacto visual y atención total y focalizada.

- Alientan a que el coachee amplíe lo que está expresando.

- Verifican las percepciones con frases tales como: "quiero estar seguro de que entendí lo que estás diciendo...", "lo que te escucho decir es...", etcétera.

- Reconocen y aceptan las emociones del otro mediante frases: "... y eso te hace sentir mal", "... entonces te has desmotivado...", "debe de ser muy frustrante...", etcétera.

- Proyectan cómo se sentiría el otro si el escenario fuera diferente.

- Contemplan la situación desde el punto de vista del otro.

- Reformulan y resumen la conversación en tanto señal de entendimiento de lo que se ha dicho, y acuerdan planes de acción y mejora.

Además, preguntar en forma inteligente y pertinente es una de las herramientas más fascinantes y al mismo tiempo más difíciles de que dispone un coach. Una buena pregunta puede develar lo que el coachee realmente siente o piensa. Un buen escucha se reconoce por sus preguntas.

La elección del coach

En muchos casos, y siendo la autosuficiencia una característica frecuente en la mujer, realizado el diagnóstico y definido el objetivo y plan de acción, la coachee puede creer que no necesita un coach y así perder de vista la importancia del trabajo interpersonal para el avance profesional. Contar con un espejo, con la mirada objetiva de un tercero, no le resta autoridad o idoneidad a una líder; por el contrario, es una demostración de su apertura al aprendizaje y de su entusiasmo por lograrlo. Diversos estudios han mostrado que contar con un coach puede ser beneficioso para la carrera profesional femenina porque, si se destaca por su trayectoria y es muy profesional, tiene experiencia en cómo ganar atención y ser reconocida, conoce el camino del laberinto de una carrera y la forma de contribuir con el negocio. Mucho puede aprenderse del proceso de coaching y del coach mismo[6].

La elección del coach es una tarea muy compleja dado que el vínculo que con él se entabla es el pilar del proceso.

No es posible juzgar en una entrevista todos los atributos y competencias de un buen coach. Tampoco se pueden aplicar herramientas de evaluación. La coachee deberá confiar en su criterio, su intuición y su capacidad de percibir aquello muchas veces imperceptible, para determinar qué coach es el mejor para ella.

---

6. Heim, Pat; Golan, Susan K.: *Hardball for women. Winning the game of business.* Plume, New York, 1993.

No existe el coach perfecto o ideal. Una de las premisas del coaching es que su perfil, en tanto tenga las cualidades adecuadas y una clara vocación, acompañe las expectativas y estilo de la coachee.

Una estrategia es hacerse las siguientes preguntas que orientarán a la coachee a descubrir si los posibles candidatos a convertirse en su coach tienen las cualidades para entablar empatía y ejercer adecuadamente el rol:

- ¿Entenderá mi situación en la carrera laboral, desafíos y oportunidades que se me presentarán como mujer líder en el mundo de los negocios?

- ¿Podrá demostrar interés en mi desarrollo de carrera y no solamente en las tareas a corto plazo, contemplando cuidadosamente aspectos personales que pudieran surgir?

- ¿Me brindará apoyo y al mismo tiempo incentivará mi autonomía?

- ¿Colaborará en la definición y el acuerdo de objetivos ambiciosos pero alcanzables?

- ¿Lo veré como una persona respetable y respetada?

- ¿Me ayudará a analizar alternativas de trabajo para alcanzar los objetivos?

- ¿Evitará juicios, prejuicios y presunciones?

- ¿Tratará de no utilizar su desempeño como referencia?

- ¿Utilizará diferentes recursos (lenguaje gestual e indicaciones verbales) para que yo pueda confirmar que está siguiendo lo que digo?

- ¿Estimulará el intercambio de ideas e información?

- ¿Me brindará feedback específico y oportuno, centrado en la conducta y sus consecuencias (más que en juicios vagos)?

- ¿Realizará un seguimiento de mi progreso?

Más allá de cuestiones que uno puede observar o analizar, finalmente la decisión se definirá al considerar la conexión que se genere entre ambos luego de las primeras entrevistas. Acotar los objetivos y acordar las expectativas permitirá mantener el foco una vez realizada la selección.

Algunas herramientas adicionales y complementarias que pueden ayudar en la elección del coach son estudiar su trayectoria; analizar antecedentes; pedir referencias, conversarlo con un colega, jefe o persona de confianza; y entrevistarse con más de un coach para tener parámetros de comparación.

En definitiva, la respuesta es simple: el coachee debe sentirse cómodo, pero más aún si se trata de una mujer. El coach seguramente nunca se convertirá en un amigo, pero deberá transmitir la confianza necesaria como para que el coachee se abra, se sienta contenido, respetado y seguro de que se conservará la confidencialidad y de que el coach no va a inmiscuirse en los asuntos en los que no se lo habilite. El coachee deberá sentir que el coach lo cuida y, al mismo tiempo, lo considera un colega profesional.

¿Hombre o mujer?

Es casi inevitable, al pensar en un proceso de coaching para mujeres líderes, que aparezca la pregunta: al elegir un coach, ¿es mejor optar por una mujer o por un hombre?

Si bien es natural que una mujer coach pueda conectarse con sus coachees mujeres a partir del género, la realidad es que esta variable no es tan relevante como sus capacidades y actitudes.

Los estudios sobre el tema han demostrado que la variación de un resultado no se vincula con el género del coach sino, fundamentalmente, con la relación que establece con su coachee, especialmente a partir de estilos e intereses comunes. Un vínculo basado en la colaboración, la empatía y la confianza es la base del coaching, y este tipo de vínculo puede establecerse tanto con un hombre como con una mujer.

Las mujeres no son un grupo homogéneo, por lo tanto, es importante que no se asuma o se infiera cuáles son sus creencias, valores, prioridades, motivación o experiencia solo por ser mujeres. El género es solo una de las múltiples aristas de una persona, y puede no ser la más relevante en una situación en particular. El mundo cambia permanentemente y también las diferencias de género en las distintas generaciones; en las más jóvenes, la convivencia de mujeres con varones es muy distinta de lo que solía ser en épocas pasadas.

Que el género del coach sea una variable definitoria depende de la coachee, de su perfil, su situación, y su momento vital y profesional.

Cuando el coach es hombre

Cuando un hombre coachea a una mujer es importante que tenga en mente las expectativas sociales de género que recaen sobre los hombres: se espera que jueguen un rol dominante, que estén a cargo. Pero un efectivo proceso de coaching exige otra cosa. El coach deberá trabajar sobre dichas expectativas y pautar la agenda según los intereses y las necesidades de la coachee, estableciendo una relación igualitaria y no de poder[7]. Además debe evitar el filtrado a través de los propios esquemas y modelos. Tener la humildad suficiente como para suspender el juicio propio.

Los siguientes son los principales beneficios potenciales de un coach hombre:

- El proceso podrá aportar la vivencia de la complementariedad entre hombres y mujeres y brindará una mirada diferente de las cosas: la perspectiva masculina de quienes seleccionan, observan e impulsan a los líderes.

- El coach hombre podrá compartir las percepciones que genera el estilo, comportamiento y comunicación de la mujer en el universo masculino.

- Él mismo puede convertirse en un espejo de cómo reaccionan los hombres, lo que permitiría trabajar ese factor emergente en el proceso de coaching.

- Suelen ser históricamente arduos negociadores y usarse como ejemplo vivo para que la mujer desarrolle esa valiosa competencia.

- La relación en sí misma puede convertirse en una fuente de aprendizaje del vínculo entre hombres y mujeres en el espacio de trabajo.

Entre las desventajas potenciales de un coach masculino, se destacan las siguientes:

---

7. Ting, Sharon & Sisco, Peter (editors): *The CCL Handbook of Coaching: A guide for the leader coach.* Jossey-Bass, San Francisco, 2006.

- El coach desconoce, desde su experiencia, los obstáculos del laberinto femenino hacia posiciones de liderazgo.

- Puede ver la necesidad de equilibrar las dimensiones profesional y personal de la vida como irrelevantes, e incluso poco profesionales.

- Los hombres suelen manejarse con jerarquías, y esto puede incidir en el vínculo a establecer con un coachee.

- Un factor a tener en cuenta es la tensión sexual que puede aparecer cuando el coach de una mujer es un hombre. El coach debe estar atento a la comunicación no verbal y cuidar de no dar un mensaje equívoco con sus comentarios, comportamientos o actitudes. Es fundamental trazar claramente los límites de la relación para reducir la ambigüedad que pudiera surgir.

Cuando el coach es una mujer

El hecho de ser el coach una mujer puede acercarla casi instantáneamente a la coachee, dada la posibilidad casi inmediata de ponerse en su lugar. Seguramente tengan en común los obstáculos de la carrera, las experiencias compartidas, su situación de mujer que trabaja y que también se preocupa por su familia, su comunidad, ella misma como persona. Es probable que utilicen estilos similares de comunicación, que acuerden en una visión de mundo.

Entre los beneficios potenciales de un coach mujer se destacan los siguientes:

- La coach naturalmente disfruta del proceso de ayudar a otros a desarrollarse.

- Su estilo de comunicación y temas de conversación son afines a los de la coachee.

- Conoce los obstáculos porque ha debido sortearlos.

- Comprende la frustración cuando su coachee es juzgada como débil o aislada.

- Comparte los inconvenientes de compatibilizar trabajo y vida familiar/personal.

- Puede ejercer objetiva y profesionalmente el rol pero al mismo tiempo ser muy cuidadosa con las relaciones en ese proceso.

En cuanto a las desventajas potenciales de un coach femenino, las principales son las siguientes:

- Las mujeres suelen ser competitivas entre sí, y esto pude surgir en el proceso de coaching.

- Algunas mujeres sabotean inconscientemente el trabajo de otras que son promovidas.

- Aun siendo del mismo género, la coach puede no entender por qué, si ella ha llegado a tener una posición relevante, a la coachee se le presentan tantas dudas y cuestionamientos.

- Puede surgir una natural tendencia de sobreprotección y justificación que no ayuda en la etapa de "desafiar" del proceso de coaching.

- Se debe tener cuidado en la selección de una coach, porque esta puede representar un paradigma de mujer exitosa que justamente la coachee no busca (por ejemplo, masculinizada).

Un coach, un colega: peer coaching

El coaching se da en un espacio de reflexión y aprendizaje que puede ser compartido con uno o más pares. Muchas veces, un colega puede ser un muy buen coach. Este tipo de coaching también puede ser útil para impulsar a una persona a mejorar con la ayuda de alguien que frecuenta en el ámbito de trabajo. Incluso el impacto es doble, se apuntalan entre ellos y se genera un aprendizaje mutuo. Las fortalezas de uno pueden ser debilidades del otro, con complementariedad de perfiles, habilidades y experiencias; o, por el contrario, vivir situaciones similares puede ser un gran potenciador en un proceso de coaching.

Esta modalidad de coaching suele denominarse *peer coaching*. Pam y Pamela Robbins lo definen como "un proceso confidencial a través del cual dos o más colegas profesionales trabajan juntos para reflexionar sobre las prácticas actuales, ampliar, perfeccionar y desarrollar nuevas habilidades, compartir ideas, se enseñan unos a otros o resuelven problemas en el lugar de trabajo"[8].

Surgió en el ámbito educativo para luego extenderse a distintos espacios profesionales. En sus inicios, en los años '70, fue propuesto como una manera de afrontar el hecho de que las evaluaciones de profesores y maestros mostraban que solo un 10% de ellos aplicaban lo que aprendían y los modelos de enseñanza no hallaban la forma de cristalizarse en la práctica. En los '80 se propusieron una serie de reuniones semanales que se focalizaban específicamente en la implementación en el aula de lo aprendido. Así comenzaron a formarse pequeños grupos de coaching entre

---

8. Robbins, Pam & Robbins, Pamela: *How to plan and implement a peer coaching. Association for Supervision and Curriculum Development*, Alexandria, Va., 1991

maestros que aún estaban formándose, para compartir experiencias, y se creaban lazos de un compromiso tal que comenzaron a generarse estructuras permanentes que se extendieron luego de que los primeros objetivos y metas de los grupos se cumplieron[9].

¿En qué consiste? Se trata de una relación de coaching que se entabla entre colegas –dos o más–, en la cual trabajan juntos, en un marco de confianza (supuestamente se conocen); comparten ideas, prácticas exitosas, y se incentiva la asistencia mutua en la resolución de problemas, fijación de metas y estrategias para lograrlas.

El objetivo, la metodología y los roles no difieren de cualquier otro proceso de coaching. La elección del socio confiable/par no es un tema menor. Puede no encontrarse en el mismo ámbito de trabajo, ni en la misma oficina, ni en el mismo país (la tecnología hoy lo permite), pero es condición *sine qua non* que se genere la seguridad suficiente de que logrará mantener la confidencialidad del intercambio.

Dado que el *peer coaching* es un proceso en el que se intercalan los roles de coachee y coach, la dedicación de cada uno en ambos roles debe ser equitativa. No es tan relevante la cantidad de tiempo como que sea equilibrado. Cuando a una de las personas le toque ser coachee, es importante que haga foco en un punto por sesión, compartirlo y escucharse; muchas veces las respuestas que surgen de uno mismo durante el intercambio pueden ser la solución más eficaz a un problema. Cuando le toque ser coach, debe tener la capacidad de "cambiar de sombrero" de manera de brindarle toda su atención a su compañero.

---

9. Showers, Beverly & Joyce, Bruce: "The evolution of peer coaching", in *Educational Leadership*, 1996.

Una de las dificultades es la falta de tiempo. Lo ideal es que al concluir cada sesión se paute la siguiente, para no perder impulso y para que no pase a formar parte de un listado interminable de cosas pendientes.

Ambos miembros deben ser responsables de manera individual de participar y comprometerse: el otro está ahí para apoyar honesta y responsablemente en un entorno normalmente competitivo (de ahí que la confianza mutua es fundamental). Al ser pares, se debe tener mucho cuidado en que al ejercer el rol de coach se despejen ciertos hábitos de trabajo y se desplieguen habilidades como saber preguntar, observar, dialogar, escuchar atentamente y ser un facilitador.

El *peer coaching* no es una reunión para discutir, ni un taller, ni un encuentro informal de amigos o colegas. No se basa en evaluar ni juzgar (aunque la tentación es grande); no consiste en tomar roles de maestro y aprendiz, ni en un intercambio desde un lugar de competencia. Es algo completamente diferente: compartir miradas, ideas y estrategias que mejoren la performance y el desarrollo de cada uno de los participantes en sesiones altamente focalizadas. Algunos beneficios del *peer coaching*:

- Permite la resolución de problemas mutuos, el aprendizaje por medio de la observación y el desarrollo de pares.

- Fomenta el pensamiento crítico, aumenta los niveles de liderazgo y las competencias de gestión.

- Impulsa el desarrollo de una comunicación eficaz y pueden identificarse acciones útiles durante el intercambio y el feedback.

- Al admitir una retroalimentación no evaluativa, se mejora más, y permite obtener apoyo para alcanzar las metas y construir habilidades interpersonales y de liderazgo.

- Se trabaja sobre metas y problemas reales; identificar el problema adecuado es tan importante como resolverlo.

El *peer coaching* requiere de confianza mutua entre los participantes, reconocimiento de la necesidad de mejoras y de crecimiento, y expectativas claras para lograr un compromiso.

En muchas ocasiones se da en forma natural, sin que los pares de la relación sean conscientes de que se están *coacheando* uno a otro. Esto suele suceder entre colegas que se respetan mucho, confían uno en el otro y comparten experiencias similares.

Como en cualquier coaching, el éxito depende del vínculo honesto, confiable, abierto y con deseos de ayudar a otros a crecer y desarrollarse profesionalmente. El objetivo principal sigue intacto: que el coachee pueda identificar y analizar sus necesidades de mejora, descubrir cómo realizar cambios y monitorear su logro, para lo cual el coach es un mediador, un facilitador del proceso, nunca el protagonista.

Concluyendo

He señalado en el capítulo anterior los motivos por los cuales creo que se puede abordar un coaching más acomodado a las condiciones femeninas (por ejemplo, sus preocupaciones más frecuentes, y las situaciones que atraviesa en las diferentes etapas de su vida profesional y vital), al que denomino coaxxing...

Para describirlo he utilizado la definición de Pierre Angel y Patrick Amar: "El coaching crea un espacio en el que la persona –en este caso, una mujer–, en el marco de una relación intersubjetiva específica y a través de una asociación estimulante, puede optimizar sus recursos y eliminar obstáculos para su crecimiento, hacer que surjan nuevas competencias y conocimientos, y sentirse en un ambiente confiable y de motivación"[10].

El coaxxing no se define por un modelo ni metodologías propias sino por ajustes al perfil de la coachee.

1. Relación intersubjetiva específica, a través de una asociación estimulante: ponerse en los zapatos de la mujer, especialmente si desea desarrollar una carrera hacia posiciones de liderazgo, entendiendo sus atributos, competencias y estilos de liderazgo. No todos los seres humanos son iguales, ni todas las mujeres lo son, pero sin duda hay características de género que se pueden resaltar.

2. Optimizar recursos y eliminar obstáculos para su crecimiento: la mujer tiene cualidades propias que surgen de las condiciones biológicas, educativas, sociales y psicológicas. Cuenta con riquísimos recursos que la habilitan a ejercer exitosamente funciones de liderazgo. Se han descripto también los frecuentes obstáculos que debe enfrentar en la carrera de liderazgo, especialmente en ambientes laborales predominantemente masculinos.

3. Hacer que surjan nuevas competencias y conocimientos: un buen diagnóstico –etapa inicial del coaxxing–, facilita identificar aquellas brechas en sus actitudes, conocimientos y habilidades que,

---

10. Angel, Pierre y Amar, Patrick: *Guía práctica del coaching.* Paidós, Madrid, 2007.

desarrolladas a través de un buen proceso y de herramientas efectivas, le permitirían a la coachee desenvolverse no solo como una líder destacada sino además como modelo de futuras generaciones.

4. Sentirse en un ambiente confiable y de motivación. Este punto es por demás clave. La mujer, quizás más que el hombre, necesita sentir el vínculo de empatía y seguridad con el coach. Debe sentirse contenida y escuchada, y es una condición indispensable que esté segura de que el intercambio conversacional se mantendrá en la confidencialidad. En el vínculo entre una coachee y su coach, el punto clave es que este se ponga en los zapatos de la mujer.

Como se ha mencionado, puede ocurrir que durante el coaching se entrecrucen aspectos personales específicamente femeninos (maternidad, hijos, temas domésticos, cuidado de los padres, inseguridades propias) con los profesionales. El coach tiene el deber de acordar expectativas, focalizarse en objetivos de mejora, definir el proceso, la cantidad y frecuencia de las reuniones, el período en que se desarrollará el proceso. Todo ello sin perder de vista que en la mujer sus temas más íntimos personales y familiares son en general un pilar y, en muchos casos, fundamento de sus inquietudes laborales.

Entablado el vínculo de confianza (que no se construye de un día para el otro, sino durante el transcurso del coaching), el proceso parte de un cabal diagnóstico a través de varias herramientas, algunas de las cuales requieren que se provea feedback. La retroalimentación debe analizarse en el marco de posibles estereotipos o mitos instalados sobre la mujer en roles de liderazgo. El proceso de coaching (en este libro se ha tomado el modelo del Center of Creative Leadership) sigue, como cualquier otro, con la definición de un plan de trabajo, con preguntas y cuestionamientos pertinentes del coach para desafiar los preconceptos y supuestos de la coachee, y un constante apoyo y acompañamiento en la consecución de las metas. Muchas pueden ser las competencias que requieran trabajarse, lo que dependerá de cada mujer líder, pero hay que recordar que el foco no debe estar solo en las dificultades propias de enfrentar un ambiente de trabajo ajeno a figuras femeninas fuertes, sino también en habilidades y conocimientos del negocio, gestión del cliente y gestión del cambio. Sus fortalezas (por ejemplo relación, formación de gente, etc.) deben sostenerse, no descuidarse.

El rol del coach es clave, dada la importancia del vínculo en el coaching de mujeres. Debe comprender que hombres y mujeres experimentan de manera diferente el ámbito laboral. Recogen, asimilan y comparten la información de manera distinta; sus diferencias biológicas, psicológicas, culturales y emocionales inciden en la forma en que se desempeñan, se comunican y se desarrollan en el ámbito laboral. La definición de éxito –disímil en hombres y mujeres– puede influir en el establecimiento de metas y monitoreo de resultados. Un coach efectivo debe entender lo mencionado sin perder foco en el objetivo del coaching, supervisando el proceso. Debe contener y al mismo tiempo poner límites, debe desafiar sin generar desconfianza, debe ser flexible sin descuidar el proceso mismo, debe ser creíble y empático manteniendo distancia.

La elección del coach adecuado no es fácil. No hay recetas; en las entrevistas y el análisis de antecedentes la coachee debe aplicar todos sus recursos, incluyendo la intuición y las emociones, para decidir lo más acertadamente posible. Nada es para siempre, y en caso de no sentirse lo suficientemente cómoda, siempre hay tiempo para cambiar.

¿Coach hombre, mujer, un par? Dejando de lado el *peer coaching*, que puede ser un mecanismo interesante en ciertos casos y bajo determinados escenarios, el género del coach no es tan importante como sus capacidades, experiencia y cualidades personales. Ambos tienen beneficios y desventajas, dependerá del perfil de la coacheada, del momento que vive y de lo que busca. El hombre ofrecerá la complementariedad que enriquece la mirada de los problemas; la mujer, la posibilidad de comprenderla en profundidad por atravesar circunstancias similares.

Un coaching más ajustado al perfil femenino de líder parece ser necesario: mi propuesta de coaxxing responde a ello. Un proceso que, apalancándose en los atributos y las fortalezas de cada mujer en su entorno de trabajo, haga prevalecer sus necesidades, desafíos y propósitos.

CAPÍTULO 8

SER AUTÉNTICA, ¿ES POSIBLE?

Hace 100 años era inaudito, en el mundo occidental, que una mujer ocupara una posición relevante en el ámbito público, político o empresarial. ¿Quién hubiera pensado en una CEO de compañía, líder de Estado, propietaria de empresa, directiva a cargo de un área en particular o de una institución? Hoy es una realidad. Sin duda se ha avanzado, pero queda mucho por recorrer. Aún persisten, comparativamente con los hombres, brechas en oportunidades, condiciones de trabajo y trato, entre otras. Se le presentan a la mujer un sinnúmero de obstáculos, algunos de los cuales seguramente afrontaron los hombres siglos atrás, y otros que son propios de su condición femenina. Persisten barreras sociales objetivas (legales y políticas, por ejemplo), subjetivas (estereotipos y expectativas) y educativas. Abordar esos obstáculos requiere, en primer lugar, entender la relevancia de ser auténtica, de reconocerse por lo que sé que es y por los propósitos de vida que se tienen.

La mujer posee, justamente por su condición, oportunidades únicas por delante. Tiene la bendición de poder optar por ser madre y al mismo tiempo desarrollarse profesionalmente sin resignar ninguna de las dimensiones de su vida. Tiene la alternativa de construir junto con el hombre un mundo laboral diferente y mejor, acomodado a los cambios que vivimos. ¿Cómo? A partir de lo que ha observado y aprendido como espectadora, como compañera de hombres que trabajan, y aportando sus cualidades y atributos específicamente femeninos.

En los capítulos anteriores se han descripto las principales características propias de la mujer, el estilo de liderazgo que mejor las define, los desafíos que tiene por delante para desarrollarse íntegramente, algunas herramientas que pueden ayudarla. Y sobre todo, nos hemos detenido particularmente en la descripción de un proceso capaz de acompañarla cabalmente en este camino complejo de desarrollarse plenamente como profesional, teniendo en cuenta sus preocupaciones e inquietudes personales y familiares: el coaching femenino o coaxxing. Pero el primer paso para desarrollarse como una líder plena recae sobre ella misma. En muchas ocasiones las principales barreras están en lo más íntimo. Si no se opera sobre los obstáculos, todo el trabajo que pueda realizarse se derrumbará como un castillo de naipes. No hay mejor base para el liderazgo que conocerse, comprenderse, reconocer los propios valores, identificar los deseos más profundos y saber qué motiva, frustra y gratifica. Aceptarse sin por eso resignar ser cada día mejor.

Ser auténtica pasa a ser entonces el primer paso y el objetivo final de una carrera de liderazgo exitosa, cuya definición dependerá de cada una, pero siempre apuntando a que ese proceso sea entendido como algo superior al mero crecimiento laboral. No se podrá contagiar el disfrute y la alegría de lo que se decide hacer en lo laboral y personal, no se podrá estar bien con los colaboradores, jefes, amigos, padres, pareja, hijos, si una no se siente plena. Plena por hacer honor a la propia esencia. Nada valdrá la pena si la persona se defrauda a sí misma.

Muchos dirán que esto no difiere de lo que un hombre necesita y ambiciona. Pero a la mujer, en un contexto laboral con una cultura aún masculina, le cuesta más conservar su autenticidad: muchos ojos la observan y depositan en ella sus expectativas, y le resulta difícil poner límites y priorizar. Necesita complacer, sintiéndose de todos modos con culpa haga lo que haga; esto puede responder tanto a sus propias características como a la corta historia recorrida en el ámbito laboral ejecutivo.

El significado de ser auténtico

La Real Academia Española define "auténtico" como honrado, fiel a sus orígenes y convicciones. El término proviene del latín *authenticus* y este, a su vez, del griego *authentikos*, que significa primordial y, también, todo lo relacionado con el poder absoluto o *autenthía*. *Autenthés* designa a quien actúa por sí mismo, toma la iniciativa y es dueño de sus actos.

Algunos autores relacionan la autenticidad con la integridad. Gail Evans[1], por ejemplo, sugiere que si bien no sería correcto afirmar que las mujeres son más íntegras que los hombres, desde una perspectiva sociobiológica, la integridad es más importante para ellas. Tal vez porque las mujeres crecen creyendo que es la base de cualquier relación, y las relaciones ocupan el centro de la escena en la vida femenina. O quizás, menciona Evans, el concepto de valoración de la integridad está realmente ligado a la formación y a la genética. Lo cierto es que la calidad o condición de ser un

---

1. Evans, Gail: *Play like a man, win like a woman. What men know about success that women need to learn.* Broadway Books, New York, 2000.

todo indivisible, completo, solvente, irreprochable, significa, fundamentalmente, ser fiel a uno mismo.

En este marco, ser auténtico significa ser honesto con uno mismo, con los propios valores, principios, aspiraciones, deseos, características personales, comportamientos y actitudes, más allá de lo que esperan, explícita o implícitamente, los demás. Es estar bien con uno mismo, valorando las propias fortalezas y reconociendo los aspectos que pueden mejorarse.

¿Qué impacto tiene la autenticidad en el ámbito laboral?

Tal como se ha mencionado, dada su corta historia en los espacios públicos de influencia, las mujeres pueden sentirse fuera de lugar, o considerar que su estilo y sus valores no armonizan con la cultura. Una de las maneras posibles de reaccionar (erróneamente) es emular comportamientos masculinos –en ocasiones, contrarios a los propios–, actuando de forma poco natural, lo que dificulta entablar relaciones interpersonales genuinas y sustentables, además de provocar un desgaste excesivo de energía. El objetivo, por el contrario, debe ser que la mujer logre mostrarse como es, valorándose, con confianza en sí misma, y que sea flexible en función del entorno a fin de generar la aceptación de su estilo y valores[2].

Las palabras a utilizar por las mujeres deberían ser "deseo", "prefiero", "decido", "espero", "me hace sentir bien", "me hace sentir mal".

---

2. Eagly, Alice H. & Carli, Linda L.: *Through the labyrinth. The truth about how women become leaders.* Harvard Business School Press, Boston, 2007.

- "Prefiero no tener hijos hasta que me estabilice en la carrera".

- "Quiero ser una líder reconocida manteniendo mi femineidad".

- "Deseo ser madre tempranamente".

- "Decidí estar sola y dedicarme a mi carrera".

- "Solicité retirarme antes del trabajo para ir a buscar a mi hijo al colegio, no creo que vaya a perder al cliente si no puedo reunirme con él pues tengo cita con el pediatra".

- "Necesito postergar mi carrera por un tiempo cuando nazca mi hijo".

- "Acortaré la licencia por maternidad para regresar pronto al trabajo."

"¿Está mal?", "¿está bien?", "¿es correcto?", "¿qué dirán?", son preguntas frecuentes que se plantean muchas mujeres a raíz del temor que da tomar decisiones (en acuerdo con sus parejas o familiares) poco habituales en el ambiente de trabajo que pueden afectar su carrera, aun cuando sea eficiente, productiva, excelente profesional. Eso entonces que corren el gran riesgo de dejar de ser ellas mismas.

Ser auténtico implica mostrarse como uno es e incentivar a los otros (colaboradores, hijos, pareja) a actuar de la misma forma, a través de las palabras y el ejemplo. Es quererse y aceptarse, es confiar en uno mismo. Genera la seguridad tan necesaria para una carrera de liderazgo exitosa. La autenticidad supone tomar modelos como guía y enseñanza, no para copiar o imitar. Es usar la razón y el instinto, y escuchar lo que dice el estómago, la cabeza y el corazón.

En busca del propio estilo de liderazgo

La mujer ya ha dado los pasos necesarios para desempeñar roles de liderazgo, entendiéndolo como un fenómeno de influencia que plantea desafíos personales a quienes lo ejercen. Un líder debe conocer sus propias capacidades, tener metas y sueños claros y saber en qué medida estos coinciden con la organización o el grupo que dirige. Un líder debe conocerse desde lo emocional y racional, sin disociación alguna.

Partiendo entonces de la premisa de que un líder hoy se reconoce, entre otras cosas, por su inteligencia emocional, y que la mujer se caracteriza en general por desplegarla, ser auténtico se convierte en un factor primordial. Implica reconocer los sentimientos propios y de los demás, automotivarse y manejar adecuadamente las relaciones. Tal como se ha mencionado en el capítulo 2, según Daniel Goleman[3] los principales componentes de la inteligencia emocional son los siguientes:

- Autoconocimiento emocional (conciencia de uno mismo): es el conocimiento de las propias emociones y cómo afectan a la persona. Conocer cómo influye el estado de ánimo en el propio comportamiento, cuáles son las virtudes y puntos débiles. Nos sorprenderíamos al darnos cuenta de lo poco que sabemos de nosotros mismos. El autoconocimiento requiere:

  - autocontrol emocional (autorregulación), que permite no dejarse llevar por los sentimientos del momento;

---

3. Goleman, Daniel: *La inteligencia emocional en la empresa*. Vergara, Buenos Aires, 1999.

  – automotivación, porque dirigir las emociones hacia un objetivo permite mantener la motivación y fijar la atención en las metas y no en los obstáculos mediante cierta dosis de optimismo, iniciativa, capacidad de emprendimiento y de actuar de forma positiva.

- Reconocimiento de emociones ajenas (empatía): es saber interpretar las señales que los demás emiten. Identificar las emociones ayuda a establecer lazos más reales y duraderos. Es el primer paso para entender a los otros e identificarse con ellos.

- Relaciones interpersonales (habilidades sociales): es saber tratar exitosamente con aquellos que están en una posición superior, con pares y supervisados. Constituye un pilar de la vida en general y del trabajo en particular.

La mujer en posiciones de liderazgo no debería renegar de su capacidad de relacionarse, de reconocer y controlar sus emociones, ni de automotivarse. Ser auténtico es, sin duda, la base de la inteligencia emocional. Porque un buen líder parte de liderarse a sí mismo, y esto le genera seguridad y confianza suficientes como para hacer honor a sus valores, cualidades y necesidades. La mujer debería entender que solamente será una buena líder si hace oídos sordos a especulaciones, estereotipos, prejuicios y expectativas de que adapte sus comportamientos y actitudes a los de los hombres.

Sin embargo, el deseo de agradar, encajar y pertenecer es inherente al ser humano. Y siempre que una persona se compare con los demás, detectará que tiene carencias. El problema aparece cuando, a partir de esa comparación y abandonando su verdadera forma de ser, modifica sus comportamientos, creyendo que de ese modo podrá integrarse al grupo exitosamente. Para muchas mujeres ser diferente es difícil, y el hecho de sentir deseos de llorar, mostrar los sentimientos, opinar desde la intuición sin fundamento racional puede provocar pudor o vergüenza. Sin embargo, a la larga, esta conducta da sus frutos. Lleva tiempo y energía, pero es la única manera de ejercer un liderazgo genuino y sostenido, y de generar respeto y reconocimiento en los demás.

Ser líder siempre es una tarea de introspección, un viaje interior, que comienza desde adentro e irradia hacia afuera. La manera en que el o la líder ven e interpretan las cosas puede ser diferente a la de otros: dependerá del estado de conciencia al que los hayan conducido sus experiencias de vida. Conocerse e identificar las reglas internas que desatan los comportamientos, hace posible cambiar ese estado de conciencia y desarrollar un estilo propio y consciente, en suma, ser un líder auténtico.

Herramientas que ayudan a desarrollar un estilo propio

El valor de las redes

Generar lazos, unirse y participar en distintas redes permite crear capital social: tener amigas en el ámbito del trabajo, acercarse a colegas, participar de asociaciones profesionales, asistir a eventos laborales, entre otros. Las redes pueden brindar apoyo emocional, información valiosa, consejos sobre problemas de trabajo. Y, en ámbitos laborales dominantemente masculinos, si las mujeres se conectan con otras mujeres, pueden romper la natural sensación de aislamiento. Pero también es indispensable que las mujeres interactúen y tejan redes con hombres, porque eso genera complementariedad y riqueza. En el mundo actual, las redes más poderosas aún están compuestas mayoritariamente por hombres: cultivarlas es una estrategia útil para las mujeres líderes[4]. Y es importante tender redes con colegas de todos los niveles porque pueden ofrecer mucho, incluso información interna que es compartida únicamente en relaciones positivas y de confianza. Cualquiera de estas situaciones también habilita a que las mujeres se muestren, compartan ideas propias y se dejen conocer.

Modelos válidos

Es muy valioso contar con personas con las cuales identificarse. Estimula a sostener los propios valores y comportamientos. No importa el género en tanto se perciba que, sabiendo que todo ser humano es especial, el modelo identificado genuinamente represente lo que uno es y quiere ser. Otro enfoque es identificar modelos por lo opuesto, por reflejar aquello con lo que uno no coincide, no se siente cómodo, no acepta.

Acudir al coaXXing

El coaching puede ayudar a la mujer a entender la organización, definir sus metas y desarrollar el empuje necesario y la aceptación. La primera tarea del coach es orientar a la coachee para que descubra y ejerza su autenticidad, sabiendo que esta implica complementarse, compartir, estar con otros (incluidos los hombres). Escucharse, creer en las propias fortalezas y confiar en que se puede mejorar es otra tarea crucial. Así, la base de cualquier trabajo de coaxxing debe partir de ayudarlas a conocerse, comprenderse, aceptarse y

---

4   Eagly, Alice H. & Carli, Linda L.: *op. cit.*

ser fieles a lo que son y lo que creen, superando todas las barreras internas y externas.

El coach interno

Un concepto adoptado en el último tiempo por la neurociencia es el de *mindfulness*. Este vocablo inglés, sin correspondencia cabal con un término español, alude a una concepción budista muy antigua. Podría definirse como la conciencia del momento presente; es la práctica de poner atención a lo que está sucediendo aquí y ahora, con todos los sentidos y sin prejuzgar. Es una técnica que permite conectarse con emociones y sensaciones propias. Practicar *mindfulness* sería entonces una especie de coaching interior para escuchar la voz interna[5] que facilita la conexión con la propia autenticidad. ¿Cómo escuchar a ese coach interior? A continuación, algunas estrategias sugeridas.

- Pasar tiempo a solas. El mundo productivo acelerado genera la sensación de que el valor está solo en hacer por el hacer mismo. Si la mujer se permite reconocer la necesidad e importancia del pensar, no solo se ayuda a sí misma sino que se convierte en un ejemplo y un estímulo para otros. Requiere coraje y decisión. La tendencia es sobrevalorar el movimiento (en la casa, en el trabajo, el ejercicio físico, con los amigos) respecto de la reflexión.

- Conectar con aquello que inspira y energiza. Divertirse y jugar permiten conectarse con otras dimensiones del ser humano. El humor impacta en el

---

5   Inam, Henna, en: http://www.transformleaders.tv/

clima de trabajo y en el del propio hogar. Lo imperante es la seriedad. Ser productivo, profesional, se equipara a gravedad, formalidad. Las nuevas generaciones introducen otra manera de desempeño laboral. Y también las mujeres aportan un componente lúdico en el mundo del trabajo, porque lo han incorporado naturalmente a través de la educación de los hijos. El aprendizaje mediante la experiencia es el más efectivo y el juego, una de sus formas privilegiadas. Los hombres también, con su inclinación natural al deporte, podrían incorporar este elemento en su espacio no doméstico. Ya ha habido un avance en este sentido y, siempre que sea con equilibrio y sin abuso, se podría aprovechar aún más.

- Desarrollar el hemisferio más creativo del cerebro. Más allá de estar en permanente contacto con la parte más organizativa y analítica de nuestro cerebro, la parte que está conectada con el aquí y ahora, más presente, en permanente contacto con otros, merece nuestra atención y tiempo. Las técnicas de visualización pueden ser poderosas porque logran desconectar la parte más lógica del cerebro. Los ejercicios de visualización de imágenes internas son un medio para desarrollar la creatividad y utilizar la imaginación a través de la conexión neurológica que existe en el cerebro entre las áreas motoras y emocionales.

- Habitar el cuerpo y prestar atención a sus manifestaciones. Este proceder es importante por dos razones. La primera es que la salud constituye un factor crítico para ejercer un rol de liderazgo y sostener una familia, simultáneamente. La segunda, que hacer ejercicio y mantenerse activo ayudan a generar energía, estimular el pensamiento y sentirse mejor con uno mismo.

231

- Ser crítico con uno mismo, sin descuidar el reconocimiento de las propias capacidades y logros. Algunas sugerencias para llevar a cabo esto serían:
    - Identificar lo que uno aprecia del estilo de liderazgo personal.
    - Identificar las debilidades sin excesivas autoexigencias.
    - Estar abierta y aceptar reconocimientos, halagos y elogios.
    - Analizar qué genera gratificación y qué produce, frustración y enojo en el trabajo.

- Buscar a aquellas personas que permiten sentirse cómoda y productiva, en las que es posible apoyarse. Identificar la manera más sana de comportarse con aquellos con los que no se empatiza.

- Manejar el estrés con el menor costo emocional posible. La manera de enfrentarlo depende de cada persona. Reconocer qué comportamiento surge naturalmente ante una situación estresante (llanto, grito, parálisis, evasión), para tomar conciencia de la situación. En muchas ocasiones la mujer puede tener tantos focos de estrés (padres, hijos, trabajo, pareja, etc.) que termina conviviendo con ese estado, sin tomar conciencia de las consecuencias.

- Priorizar lo que es realmente importante para uno y lo que ha llevado al éxito personal y profesional. Tomar esto como punto de partida genera confianza en uno mismo y motivación para seguir adelante.

- Aprender de los errores. Descubrir los pasos en falso en el recorrido y las causas que los provocaron sin frustrarse, dado que no facilita seguir adelante.

• Establecer metas genuinas, sentidas, realistas, y ponderar los resultados a medida que se avanza. Anticipar cuáles serán los posibles desvíos en el camino y trazar un plan para superarlos. Y, finalmente, identificar áreas que requerirán de menor atención, proyectos a delegar que no se alinean con las prioridades planteadas. Todo no se puede, por más que se intente, porque, como se señaló en el primer capítulo, la "mujer orquesta" no existe.

Cada mujer encontrará la manera de identificar y desarrollar su estilo personal. No hay recetas. Dispone de muchos recursos, más de los que se imagina. El tiempo, la experiencia, la madurez, las relaciones con otras personas diversas (hombres y mujeres) la ayudarán seguramente a consolidarse como líder y como referente de futuras líderes.

Concluyendo

Según Warren Bennis[6], los líderes tienen una visión personal poderosa acerca de lo que intentan lograr, que manifiestan a sus seguidores comportándose como personas ejemplares en cuanto a su atracción, significado, confianza y autoestima. ¿Cómo podrían las mujeres construir esa clase de visión si no son fieles a sí mismas, auténticas?

Las mujeres suelen encontrar sesgos inconscientes en las organizaciones y en la sociedad que elevan para ellas el costo de ser auténticas debido a que son distintas. Muchas veces esto provoca que se mimeticen con comportamientos y actitudes fundamentalmente masculinos, instalados y

---

6   Bennis, Warren G.: *op. cit.*

aceptados desde hace siglos. La presión por aceptar valores que les son ajenos y actuar en forma no espontánea o natural puede crear tanta incomodidad que, en algunos casos, hasta lleva al fracaso en el rol. Se genera entonces un círculo vicioso difícil de quebrar. Es fundamental conocerse y liderarse a sí misma, y generar la aceptación del estilo y los valores propios en aquellos que las rodean.

El coaching es un proceso que puede ayudar a la mujer a insertarse en un mundo laboral mayoritariamente de hombres sin masculinizarse, conservando su identidad y sus valores. Para esto, la primera regla debe partir de conocerse, comprenderse y respetarse, y de identificar los obstáculos y las oportunidades. El coaxxing, en tanto modalidad de coaching que se ajusta a la realidad de la mujer de hoy en el mundo laboral, puede ayudarla en este camino a identificar sus recursos disponibles (que son más de los que cree), a confiar en sí misma y a crecer en el marco de sus principios y valores. La meta final es no necesitar un coaching externo sino coachearse a sí misma regularmente a partir de espacios de reflexión, pidiendo ayuda a quienes considere referentes válidos y aprendiendo. No es fácil, al igual que todo lo que vale la pena. La mujer ya lo sabe: es todo un desafío tener hijos, conformar una pareja y una familia plenas, ser una profesional exitosa, mantenerse sana, preservar espacios de ocio y recreación, cuidar a los padres, tener amigos, ser parte activa de una comunidad. En síntesis, sostener diversos roles equilibradamente no es sencillo. Pero si la mujer decide ser parte del mundo laboral en un rol de liderazgo y lo hace porque realmente quiere, aceptar el desafío deviene en un maravilloso acto de libertad. Después de todo, como sostiene Jean-Paul Sartre: "Quien es auténtico, asume la responsabilidad por ser lo que es y se reconoce libre de ser lo que es".

CAPÍTULO 9

¿LA MUJER DEL FUTURO O UN FUTURO PARA LA MUJER?

El acceso de la mujer a una mejor educación y la independencia económica que ha alcanzado, con su consecuente impacto en las decisiones y posibilidades de elección, cambiaron en gran medida la forma de organización de las familias y la conformación de la sociedad. Es importante recordar que la situación varía mucho según el país, la cultura y la industria de que se trate y, por supuesto del nivel socioeconómico del grupo al que se pertenezca.

Desde no hace tanto tiempo, en distintos países, las mujeres ingresan en número creciente a las universidades. En la actualidad, hay carreras tradicionalmente no identificadas como una opción femenina con una gran proporción de egresadas. Según la periodista y escritora Hanna Rosin[1], por cada dos hombres que se gradúan en la universidad, tres mujeres lo hacen. En los Estados Unidos, representan ya más de la mitad de la población laboralmente activa. Además, de las quince profesiones con mayores posibilidades de crecimiento en un futuro cercano, trece están dominadas por mujeres. De acuerdo con las estadísticas del Foro

---

1. Rossin, Hanna: *The end of men. And the rise of women.* Penguin Group, New York, 2012.

Económico Mundial, las mujeres en América Latina tienen más educación formal que los hombres. Con porcentajes similares desde 2005, aproximadamente un tercio más de mujeres que hombres completan su educación universitaria. Sin embargo, exhiben una participación baja en los estudios de posgrado. Un análisis reciente de los programas en administración de negocios (MBA, por sus siglas en inglés) que se ofrecen en los Estados Unidos, Europa y América Latina, realizada por el diario *The Economist,* indica que las mujeres representan menos del 30% de las graduadas.

De todas maneras, según explica Lidia Heller[2], en los Estados Unidos y en varios países europeos las mujeres con altos logros (es decir, importantes ingresos) no superan el 30% del total de la población con ese nivel. En el caso de las latinas, la situación empeora, entre otros factores, debido a la decisión de no postergar la maternidad, porque apuntan a compatibilizar carrera y familia.

En lo que hace a la dimensión económica, un estudio realizado por la consultora Nielsen[3] en 21 países, incluyendo algunos de Latinoamérica, muestra cómo el control que las mujeres han logrado sobre la decisión de los gastos en la pareja, junto con sus ganancias, colocan a la mujer del mañana en posición de ejercer más influencia que nunca en el mercado. Asimismo, el estudio señala que el rol de las mujeres está cambiando positivamente y que va a seguir mejorando tanto en políticas de equidad como en oportunidades en el mercado laboral. Una investigación del Banco Mundial[4] destaca la creciente participación de la mujer en

---

2. Heller, Lidia: *Voces de mujer.* Sirpus, Barcelona, 2008.
3. *Women of tomorrow: a study of women around the world.* The Nielsen Company. 2011, www.nielsen.com
4. *La historia del mercado laboral detrás de la transformación de América Latina.* Banco Mundial, 2012. http://www.bancomundial.org/

la economía latinoamericana: desde el año 2010, el 65% de las mujeres de la región, entre 25 y 65 años, se ha empleado, y la cifra aumenta a un ritmo acelerado.

Las mujeres se convertirán en la ventaja competitiva de las economías e invertir en ellas producirá un efecto de "dividendo de género", que podrá verse reflejado en un aumento de las ventas, en mercados expandidos y en una mejora en la contratación y retención de talento clave. Así lo señala un reciente informe de Deloitte[5], que destaca la importancia de las mujeres "en las economías como un mercado de consumidores en crecimiento".

Además de consumidoras, su rol de generadoras de valor es clave, de acuerdo con los técnicos de Deloitte que destacan que las economías deben aprovechar todos los recursos de talento ya que se avecina una población que envejece y habrá escasez de mano de obra calificada. Considerando que las mujeres constituyen cerca de la mitad de la población trabajadora en muchas regiones del mundo, el informe señala que las políticas e inversiones destinadas a la promoción de las mujeres van a ser fundamentales en una economía global cada vez más dependiente de los activos intangibles de las personas, la marca y la propiedad intelectual. Este escenario supone un cambio socioeconómico y cultural muy importante, lo que Hanna Rosin[6] llama "el fin de la era del hombre", quien paulatinamente verá mermada su tradicional hegemonía económica. Se trata de una situación positiva para ambos sexos, puesto que rompe con roles impuestos durante siglos y ofrece más libertad de decisión tanto para unas como para otros, pero esto puede resultar conflictivo si la sociedad no toma conciencia y se

---

5. *The gender dividend: making the business case for investing in women.* Deloitte. 2011. www.deloitte.com
6. Rossin, Hanna: *op. cit.*

resiste a asumir el cambio. Este escenario surge en parte a raíz de un viraje en el modelo económico: de la industria y la manufactura, a la sociedad de la información y los servicios, donde las habilidades y los talentos necesarios son muy diferentes.

Las mujeres del futuro, las jóvenes de hoy

Entre los valores emergentes en nuestra sociedad se destacan con gran importancia los de la individualización y la autonomía personal, que influyen en las trayectorias vitales de las generaciones más jóvenes en general y de las mujeres en particular. El énfasis puesto en la identidad y el alcance de las ideas de diversidad y heterogeneidad son un aspecto central de nuestra cultura, que afecta de una forma muy potente la personalidad y la búsqueda de nuevos estilos de vida.

Esto se refleja de manera muy visible a partir de los jóvenes de la llamada *Generación Y* (nacidos entre 1980 y 1990). Impacientes, con visión cortoplacista, asumen compromisos por períodos más reducidos que sus pares de otras generaciones. Son informales. Pueden relacionarse con personas muy diversas y tienen un profundo sentido de solidaridad. Necesitan y tienen la habilidad para equilibrar intereses, hobbies, familia, amigos y trabajo.

Ya no se discute que los jóvenes han traído al mundo laboral un nuevo paradigma, que en muchos aspectos es similar al de la mujer –por ejemplo, en el requerimiento de mayor flexibilidad en el trabajo y la demanda de un mayor equilibrio entre la actividad laboral y la dimensión personal–. Las mujeres jóvenes, a diferencia de las de la *Generación X* (nacidas entre 1965 y 1980) –para las cuales el sacrificio y la resignación pueden ser parte del costo de compatibilizar familia y trabajo–, no están dispuestas a descuidar el ocio y el equilibrio. La maternidad tardía posiblemente sea una respuesta a esta intención de no descuidar los intereses personales y disfrutar momentos en pareja y en soledad.

Hoy, la valoración de un entorno laboral saludable y la necesidad de complementar la dimensión familiar de la vida con la laboral y la personal no son factores ajenos a ninguna generación ni a ningún género, y es allí donde se puede encontrar un espacio común de intereses, cualquiera sea la franja etaria de que se trate.

En la agenda de la mujer joven

Nuevos desafíos y retos ocupan la agenda de las líderes del futuro, varios de los cuales se arrastran de décadas anteriores pero profundizados y reformulados. En muchas ocasiones se convierten en preocupaciones[7] que disparan tendencias y líneas de acción encaradas por las jóvenes.

1. La búsqueda de una real independencia y autonomía personal, generalmente a través de la educación y de un empleo remunerado al mismo nivel que sus pares varones.

2. La paulatina ruptura de la tendencia de que sus elecciones de carrera sigan sujetas a estereotipos perjudiciales para su futura inserción laboral. Aún hoy la matriculación refleja un cierto sesgo de género, sea por las expectativas y preferencias de los padres, por patrones sociales o por la falta de orientación a

---

7. Alberdi, Inés; Escario, Pilar y Matas, Natalia: "Las mujeres jóvenes en España", en *Colección Estudios Sociales*, N° 4, Fundación La Caixa, Barcelona, 2000.

la hora de elegir los estudios. Se produce así cierta "feminización" de algunas carreras.

3. La fuerte necesidad de lograr ingresos propios y suficientes. Esto es considerado como un medio para controlar la propia vida y como forma de independencia. En el caso de las mujeres que están en pareja, en ocasiones la calidad de la relación tiene mucho que ver con el equilibrio económico entre ambos y con el hecho de que cada uno pueda conservar lo que le pertenece.

4. El compromiso y las relaciones de pareja, con los problemas derivados de la convivencia en la vida cotidiana, que presentan como último reto del cambio la necesaria transformación del rol doméstico de los hombres.

5. El valor asignado a la belleza en la sociedad moderna. Este fenómeno, que Gil Calvo[8] denomina "terrorismo estético", afecta particularmente a las mujeres. El cuidado del cuerpo demanda múltiples atenciones y, en consecuencia, se convierte en una nueva obligación, dado que la integración y el éxito social parecen depender en gran medida de tener una imagen cuidada.

6. La lucha contra la visión peyorativa hacia las mujeres que deciden libremente encarar estilos no convencionales de vida (familias monoparentales, mujeres independientes que viven solas, parejas que conviven sin formalizar legalmente el vínculo, etc.) y otras forma de presión social para reencaminarlas hacia los comportamientos "correctos" y habituales.

---

8. Gil Calvo, E.: *Medias miradas. Un análisis cultural de la imagen femenina.* Anagrama, Barcelona, 2000.

7. Nuevos espacios de poder público-político que se abren a las mujeres, con los consecuentes efectos de exposición y riesgo, entre otros.

8. La maternidad, como momento crítico en la definición de la propia vida, que es a la vez un aspecto esencial para la mujer y una decisión que impone numerosas limitaciones y gratificaciones al mismo tiempo. A esto se suma la edad más tardía en la que se decide iniciar esta etapa, con las implicancias en la fertilidad y en la brecha etaria entre madres e hijos.

9. La vida familiar y doméstica con sus dos aspectos complementarios, la relación con los hijos y las estrategias domésticas para compatibilizar el mundo familiar con el mundo exterior.

10. Un desfasaje de las crisis de edad tanto en el tiempo en que se producen como en los planteos que implican. Aparece el desafío de replantearse la madurez independiente y la tercera edad más allá de los posibles nietos, con el objetivo de seguir creciendo profesionalmente, conservando la autonomía económica.

11. La búsqueda de un mayor equilibrio. Ante el agobio por todas las metas que tienen que alcanzar y como reacción a tantas luchas reivindicativas históricas de igualdad de género y reconocimiento público, lo que se pide es calma. A lo que aspiran es a alcanzar el equilibrio como la mejor de las ambiciones vitales.

Las mujeres jóvenes se encuentran en un compás de espera en el que tratan de capitalizar los beneficios obtenidos en la lucha feminista de las generaciones anteriores, que dejaron su huella profunda en las actitudes y los comportamientos sociales. Ya han tomado conciencia de una serie de principios sobre los que están construyendo su propia vida: su independencia, las relaciones con su pareja, con sus hijos y con el entorno laboral. Han aceptado retos, han realizado rupturas familiares, han vivido compromisos afectivos, y todo ello conlleva implicancias emocionales importantes que impregnan de dudas el camino emprendido.

Ser madre hoy

Ser madre supone el mayor de los compromisos, en la medida en que abarca todas las facetas de la vida actual y el futuro. Puede convertirse en un dilema no solo por la incidencia en lo laboral, económico y personal, sino además porque ya no es necesariamente un hecho impuesto, lo que añade un elemento de responsabilidad al hecho biológico. Ahora también se concibe el derecho de las mujeres a no ser madres, sin que esta decisión necesariamente perjudique la imagen de las que la toman.

Asimismo, hay mujeres que están asumiendo su nuevo papel como madres de pocos hijos. Cabe preguntarse en qué medida esto se debe a una elección, a la maternidad tardía o a las restricciones varias a las que están sometidas. Sin embargo, aun en los casos de las mujeres más nostálgicas (con relación a un concepto de familia amplia, con muchos hijos alrededor), pareciera que no hay un punto de retorno hacia esta visión de la maternidad y hacia el concepto de sentirse mujer a través de la decisión de ser madre.

Por otra parte, se ha creado un nuevo triángulo, más equilibrado en sus lados, formado con los componentes de la nueva familia: la madre, el padre y el hijo; esquema en el que hay una mayor cercanía, interés y comunicación entre todos, y sobre todo con respecto a los hijos. Estos se han constituido en un bien precioso, y el hogar, en un espacio para el descanso y el disfrute.

Cambia fuertemente el modelo de crianza. La preocupación de las jóvenes madres por el tipo de educación y por la institución escolar que elegirán comienza desde una muy temprana edad de los hijos. Dedican tiempo a definir quién y cómo cuidará de la familia en su ausencia. Tratan de que tengan intereses variados, por un lado para que su formación sea más amplia pero, por otro, para completar la agenda de los hijos en el tiempo que ellas no se encuentran en casa. Aspiran a una comunicación más abierta, a ser flexibles en lo que a disciplina se refiere, a la contención de sus hijos en todos los terrenos, como una forma de paliar o compensar los temores que despierta el nuevo espacio que han ganado en el mundo del trabajo.

La clave: organizarse

¿Con qué cuentan? En parte, con sus parejas. Como hemos mencionado, existe una nueva generación de hombres que están superando la etapa de sensibilización y solidaridad con la causa de la emancipación de las mujeres y están entrando en acción, al menos en lo que corresponde a las relaciones de pareja y la convivencia en el espacio doméstico. Son los nuevos compañeros, las parejas masculinas, que si no comparten estas tareas todo lo que deberían, no es por desconocimiento de que la sociedad está cambiando sino por la inercia residual de comportamientos repetidos por generaciones. En cierta forma, son las mismas mujeres las que no cuentan con ellos cuando se trata de afrontar en términos de igualdad el cuidado de los hijos. Para ellas, en el núcleo más profundo de sus sentimientos, la nueva paternidad tiene rasgos muy valiosos y apreciados, pero no tiene aún, aunque esté en vías de alcanzarlas, las implicaciones que conlleva ser madre.

Algunas también cuentan, en cierta medida, con sus madres o suegras. Pero algunas de esas madres ya participaron directa o indirectamente de todo un movimiento social que propugnaba el cambio de las mujeres, y en muchos casos pudieron emprenderlo en el seno de su propia familia, sin que estuviera en sus agendas ni en sus intereses el cuidado de los nietos de manera formal o impuesta (pero sí la elección de disfrutarlos).

Aparecen y seguirán surgiendo nuevas instituciones que contribuyen con toda la dinámica hogareña. En los países menos desarrollados, aún existe la figura de la niñera o la persona que ayuda en la casa, a quien se delega una importante responsabilidad. Por otra parte, hoy proliferan las instituciones educativas destinadas a niños de edad cada vez más temprana y con horarios extendidos similares a los laborales.

La creatividad da lugar a nuevas soluciones; por ejemplo, grupos de madres que se organizan (las mujeres empiezan a solidarizarse) para turnarse en el cuidado de los chicos mientras las demás van a sus trabajos; empresas que brindan servicios integrales para niños (peluquería, atención médica, espacio lúdico, centro comercial, etc.). La tecnología, las organizaciones más modernas y una sociedad más abierta van habilitando además sistemas de trabajo flexibles y desde el hogar.

El desafío es constante y las dificultades, diarias; pero sin duda se ha iniciado un cambio irreversible que promueve ya no delegar –pues eso implicaría que es responsabilidad exclusiva de la mujer y que ella pide ayuda–, sino compartir con la pareja todas las tareas relacionadas con la crianza.

Uno de los desafíos: las demandas múltiples

A pesar de lo descripto, en las mujeres jóvenes, líderes del futuro, sigue manifestándose con agudeza el conflicto de los múltiples roles: madre, hija, trabajadora, hermana, pareja, jefe, empleada o emprendedora, colaboradora comunitaria, etc. Como consecuencia de las transformaciones sociales, económicas y políticas, se tropiezan con una serie de demandas contradictorias acerca de sus aspiraciones de realización personal.

Efecto en la vida de pareja

El valor de la libertad, con la revalorización del individualismo, lleva a la determinación de mantener la independencia personal, aun dentro de las relaciones de pareja. Este es un rasgo fundamental para entender las decisiones que retrasan la convivencia y el matrimonio. Sin embargo, es importante advertir que los mismos valores fundamentales pueden encarnarse en comportamientos diferentes según la comunidad o el país de que se trate y traducirse, por ejemplo, en la importancia dada a la libertad pero que quiere hacerse compatible con la vida de pareja, los conflictos que acompañan la iniciación de la convivencia, las dificultades para diseñar la vida en común y encontrar tiempos y actividades compartidas, la añoranza de vivir solos coexistente con la decisión de vivir juntos, etcétera.

Al tener una vida fuera del hogar, las mujeres empiezan a recibir nuevas demandas y a exigir otros derechos. No se limitan solamente a repetir los pasos de los hombres en la esfera laboral sino que construyen un camino propio sumando su vida personal y familiar, esperando que la pareja las acompañe y colabore ante las dificultades y obstáculos. Ambos tienen la expectativa de conservar sus espacios para amigos propios, además de los compartidos; crecer profesionalmente y formar una familia. No solo cambian los roles, sino que aparecen nuevos conflictos, dudas, discusiones, gratificaciones, ámbitos y tiempos.

Efecto en el perfil y las expectativas de la mujer

Las mujeres jóvenes superan a las antiguas generaciones en el desarrollo de una mayor dosis de confianza en sí mismas, en la apertura a experimentar diferentes estímulos y culturas, tanteando los propios recursos, mostrándose tolerantes y flexibles ante los cambios sociales y los cambios generacionales, los diversos estilos de vida, de moda y de ocio. Empiezan a aceptar las propias contradicciones como una fuente de enriquecimiento personal.

Los rasgos del cambio se resumen en esa demanda de autonomía e identidad que hacen las mujeres, al igual que los hombres jóvenes, aunque en ellos no tiene carácter de novedad. El hombre ha detentado derechos y ha reivindicado su individualidad desde mucho antes que las mujeres. Por otra parte, como herencia histórica de su identidad social, las mujeres se preocupan en mayor medida que los varones por mantener la convivencia, atender la afectividad y cuidar las relaciones de pareja. Continúan muy comprometidas con el mantenimiento de las relaciones afectivas, en el seguimiento de las cuestiones personales del otro y, de alguna manera, en la vinculación entre estas relaciones y el entorno general de sus vidas.

Dejando de ser supermujeres

Hasta no hace mucho emergían en los estudios de género configuraciones de lo femenino vinculadas a una mujer que "todo lo podía", una "supermamá" al cuidado de sus hijos, su trabajo, su casa y todo aquello que de ella se demandase. Aun con diferencias por nivel socioeconómico y edades, el común denominador entre ellas seguía siendo esta idea de "supermujer".

Se advierten cambios que se van a ir profundizando: el ideal femenino migra hacia una mujer más segura de sí misma, no ya con la necesidad de mostrar que puede hacer las cosas igual o mejor que los hombres pero sí evidenciando que puede tomar sus propias decisiones; que reconoce la fortaleza de su propia forma de percibir las emociones; que puede elegir qué adoptar y qué no. Se trata en definitiva de una mujer menos obsesiva y perfeccionista, que no apunta a hacer todo de manera impecable, sino a dar la mejor versión de sí misma, poniendo su impronta personal en lo que hace.

En síntesis, una mujer más "humana" que quiere ser la protagonista de su vida. La mujer asume así que, si bien la multiplicidad de tareas eleva la autoestima y el reconocimiento y colma la tendencia al perfeccionismo, también es la mayor fuente de agotamiento, porque las mujeres ganaron terreno sin resignar sus actividades tradicionales y sumaron en cambio exigencias –una ecuación insostenible en el tiempo.

Las mujeres más jóvenes ya "no compran" tanto el modelo de la supermujer. Buscan ganar practicidad y liviandad para moverse con mayor soltura. Esto se ve reflejado en sus esferas de acción: quizás en una retracción –por elección– de su carrera laboral, o en la búsqueda de una vida más simple –reconsiderando las expectativas demasiado exigentes–, o al realizar prácticas relativas al bienestar (ejercicios antiestrés, actividad física, alimentación sana, programas recreativos y culturales, etc.).

Los "nuevos" hombres

Ya se ha mencionado que en el transcurso de la historia el mundo del trabajo ha valorado características atribuidas culturalmente a lo masculino, como la fortaleza, la decisión, el foco, la competencia o la autoridad. Sin embargo, hoy se destacan como positivas otras habilidades tradicionalmente atribuidas a lo femenino, como el *multitasking*, el cuidado, la contención, la flexibilidad, la capacidad de escucha y la empatía. Hoy se pide a los hombres mayor expresión de sus emociones, compartir roles y decisiones, así como participación en el cuidado de los niños y las tareas del hogar. Cada vez se los ve más en los supermercados, en el colegio de los hijos y en el pediatra.

Los hombres han cedido parte de su esfera pública y ya no se erigen como únicos proveedores del hogar. Al dejar de ser esta una tarea propia y exclusiva, el imaginario de funciones masculinas se alteró. Los límites de lo que se considera propio de cada género han cambiado, provocando reacciones y nuevos comportamientos, valoraciones y expectativas. El cambio del posicionamiento femenino transformó el masculino, que fue adaptándose a las nuevas condiciones. Queda por descubrir cuál será el modelo que sostendrá de manera más propicia el entramado de roles y de pareja del futuro.

Masculinidad emergente

Los cambios en el posicionamiento femenino pusieron en cuestión el paradigma paternalista clásico. Los hombres de hoy están creando sus propios modelos de masculinidad. Emerge entonces un nuevo tipo de hombre, cuya seguridad no está en pugna con la conexión emocional, la flexibilidad y el compromiso afectivo. Por el contrario, es más afectivo, emocionalmente expresivo, y no por ello teme perder su masculinidad. Se resignifica el valor de disfrutar de manera más satisfactoria y gratificante el día a día, el bienestar personal y el cuidado de otros. No existe un patrón único y claro a seguir. Los sujetos actuales, más desamparados pero también más libres, autodefinen de manera menos prejuiciosa, más creativa y más íntima su modo de poner en actos la masculinidad.

Así, aparece un varón emocionalmente más expresivo y relajado, más comprometido con el día a día en pareja; un varón casado o soltero que se ocupa de lo doméstico; un hombre que no necesariamente debe ser el que toma las iniciativas y decisiones de inversión y gasto; un padre cariñoso, dedicado, que se preocupa y ocupa de sus hijos. Más aún, surgen poco a poco casos de hombres que dejan su trabajo o le dedican menos tiempo para focalizarse en la familia mientras su pareja pasa a ser la principal proveedora del hogar, con objetivos de carrera a largo plazo.

En síntesis, existe hoy una ruptura en los estereotipos que posibilita distintas maneras de ser hombre y mujer. Las expectativas para cada género ya no son unívocas y determinan nuevas formas posibles de organizar la vida.

Un futuro para las jóvenes: el rol de las mujeres de hoy

Una investigación realizada por Lauren Ready[9] entre mujeres líderes en todo el mundo muestra que, para crecer, requirieron de la ayuda de otros. Ellas creen que es importante devolver de alguna manera lo recibido; quieren dejar un

---

9. Ready, Lauren: *Taking charge. A roadmap for a successful career and a meaningful life for high potential corporate women leaders.* ICEDR Special Report, ICEDR, Lexington, 2012.

legado a la comunidad, a sus equipos de trabajo o a las nuevas generaciones de mujeres. ¿Cómo? Ofreciendo oportunidades, educando, generando ambientes laborales propicios a la diversidad, creando programas especiales, formando sucesoras femeninas, patrocinando la carrera de jóvenes talentosas en el propio lugar de trabajo, siendo modelos formal o informalmente.

Ser modelos

Mujeres que han tomado decisiones importantes con respecto a sus vidas, que viven o no en pareja, que han elegido trabajos vocacionales –no solo profesiones bien remuneradas–, decididas, seguras, con actitudes vanguardistas, son las que van marcando tendencias y sirven de modelo. Aquellas que han logrado desarrollar su carrera, alcanzar sus objetivos personales y laborales, y constituirse como líderes respetadas, se encuentran en una situación relevante y visible dentro de la sociedad por su mentalidad y estilo de vida. Podrían calificarse en parte como la avanzada, el grupo que innova y abre puertas, que perfila trayectorias y sirve de algún modo como orientación o referencia.

De todas formas, según la bibliografía, para las más jóvenes aún son pocos los modelos concretos de mujeres modernas "exitosas", cualquiera sea el modo en que se defina este término. Su percepción es que muchas líderes todavía están luchando consigo mismas, y que alcanzar los puestos de decisión les ha costado sacrificios y renuncias en su vida personal. Como referentes sociales, muchas líderes aún no llegan a ser suficientemente atractivas para las jóvenes que se definen *a priori* como mujeres con variadísimas aspiraciones, que ambicionan ese equilibrio entre su vida personal y su mundo externo. El éxito profesional unido al equilibrio con el éxito familiar son los parámetros fundamentales que parecen básicos en las referencias de las mujeres jóvenes cuando piensan en posibles modelos de conducta. Las generaciones que han recorrido ya un vasto camino deberían tener esto en cuenta si quisieran convertirse en referentes válidos.

Según menciona Lidia Heller[10], tener otras mujeres como modelo no significa que estas tengan que ser perfectas o grandes figuras, pero sí es necesario que sean conscientes de la importancia de la solidaridad femenina.

Ser mentoras

La figura del mentor aparece en el personaje de *La Odisea* de Homero. Mentor es el amigo a quien Ulises designa para preparar a su hijo Telémaco como su sucesor en el reino de Ítaca. Telémaco es un joven inexperto que tiene que enfrentarse a una nueva situación: aprender a ser rey. Para ello, necesita de los consejos de alguien más experimentado que le ayude a reflexionar en los momentos de duda y dificultad. Esa persona es Mentor, término que se utiliza, tanto en nuestra lengua como en la anglosajona, para designar a un hombre sabio y sensato que oficia de guía y consejero prudente.

El término, sin embargo, tiene una historia mucho más rica y antigua, pues ya existía en otras culturas desde la antigüedad. Paradójicamente, en *La Odisea*, quien realmente desempeña estas funciones es Atenea, la diosa de la sabiduría. Ella hace las preguntas y da los consejos, tomando prestados para ello el cuerpo y la voz de Mentor. Por tanto, quien intelectualmente lleva a cabo la práctica es una figura

---

10. Ídem.

femenina; y, sin embargo, el término desde antiguo se asocia a los hombres.

Tanto por lo mitológico como por la naturaleza "maternal" y empática propia de la mujer, parecería que ser mentor no es algo complejo o que requiera de una preparación previa, especialmente si quien ejerce la función es una mujer que ha alcanzado posiciones de liderazgo, en las cuales formar y desarrollar talento es uno de los pilares.

Según el estudio de Mc Kinzey & Co. ya mencionado[11], una de las prácticas consideradas como más efectivas para promover la diversidad en los niveles ejecutivos es el *mentoring*.

En palabras de Linda Tarr-Whelan, para una líder comprometida con las próximas generaciones de mujeres, constituirse en mentoras es un paso más avanzado de ser modelo: "Por cada mujer que ha superado una barrera, muchas enérgicas y talentosas mujeres están buscando consejo y ayuda"[12]. No se requiere que el rol sea formal, se puede ser un mentor informal. Si no hubiera a quien acompañar en el ámbito laboral, seguramente se podrá encontrar en el comunitario, educativo u otros. Se da naturalmente: con frecuencia, sin darse cuenta, las mujeres líderes devienen en mentoras sin esperar que nadie se los pida, ofreciéndose voluntariamente. ¿Cómo? Enseñando, transfiriendo habilidades, brindando consejos, escuchando, desafiando, alentando la confianza en las propias capacidades, guiando, acompañando. Una mentora puede ayudar a las jóvenes a hacerse más visibles, a reforzar sus redes de contacto, a promover la confianza en sí mismas y a aprender a moverse en espacios tradicionalmente masculinos.

---

11. Mc Kinzey & Co.: *op. cit.*
12. Tarr-Whelan, Linda: *Women lead the way. Your guide to stepping up to leadership and changing the world.* Berrett-Koehler Publishers, Inc., San Francisco, 2009.

Ejercer el rol de mentora también genera beneficios. La mujer se refuerza como líder, aprende del otro, despliega competencias críticas para su función (por ejemplo, escuchar, conectar, transmitir espíritu positivo) y, por sobre todo, se convierte en un agente de cambio hacia un paradigma laboral y social inclusivo que tendrá un impacto fundamental a futuro.

El futuro: hacia una diversidad natural

Las jóvenes ya están delineando su camino, un futuro que solo se construye complementariamente junto a los otros actores de la familia, el trabajo y la sociedad. Para lograr una efectiva integración al mundo laboral, se necesita incluir a los varones en el proceso y comprometerlos con los temas del trabajo, la familia y el hogar. Tanto mujeres como varones deben involucrarse activamente para desterrar estereotipos y mitos.

La nueva filosofía femenina de vida apunta al equilibrio y a estar bien consigo misma, algo que solo se logra estando bien con el otro género. Las nuevas generaciones están creciendo en un mundo donde la convivencia en ciertas condiciones de igualdad es más natural. El varón es un colega, un par. Y al igual que ellos, las jóvenes no están dispuestas a renunciar a nada. Ser mujer no tiene por qué suponer limitaciones. Se plantean la vida como un abanico de posibilidades muy amplio que incluye a sus pares varones. Las mujeres actuales pretenden alcanzar la mayor cantidad posible de objetivos. Quieren estar en el "mundo exterior". No conciben la vida sin trabajar. Quieren ser independientes y divertirse, quieren ser autónomas y no dejarse dominar. Y, a la vez, quieren ser femeninas y no renunciar a la seducción, a la belleza o a la maternidad.

¿Cuánto tiempo necesitaremos para que la diversidad de género deje de ser una preocupación, un tema de discusión? Nadie lo sabe con certeza, pero cuanto más se complementen y más a la par trabajen hombres y mujeres, antes será.

Concluyendo

Las jóvenes, aun con mentalidad avanzada, enfrentan y enfrentarán dificultades que no se resuelven espontáneamente en el camino de su inserción laboral plena y del desarrollo en posiciones de liderazgo. Compatibilizar tantos aspectos –maternidad y trabajo, formación y empleo, autonomía y convivencia– seguirá siendo una tarea compleja.

La sociedad empieza a transmitir mensajes más positivos, a evidenciar una aceptación más generalizada y consensuada de la imagen de la mujer independiente, moderna, sea madre o no, esté casada, conviviendo en pareja o viviendo sola. Se está tomando conciencia del impacto económico y social de la inserción de la mujer en el mundo del trabajo.

El proceso está en marcha. Para las jóvenes y para la sociedad en general, el cambio se ha producido en lo más profundo de las mentalidades y es irreversible, aun si en el futuro se advirtiera una dosis de cansancio, cierta falta de metas, desencanto o un dejo de nostalgia por algunos de los rasgos clásicos de la mujer tradicional.

Por otra parte, las líderes actuales tienen en sus manos una gran responsabilidad. Han luchado durante décadas, han alcanzado metas y logrado espacios. La solidaridad es fundamental para ayudar a las jóvenes a sortear los obstáculos ya conocidos y acompañarlas en la detección de los nuevos. Como modelos, como mentoras o simplemente como mujeres visibles, pueden hacer una diferencia en la construcción de un futuro mejor para las jóvenes que quieren desarrollar su liderazgo y sentirse plenas personal y profesionalmente.

En términos generales, las mujeres saben que se encaminan hacia una sociedad distinta donde se van haciendo realidad muchos de los sueños históricos. Pero aún están en transición hacia el porvenir. Tienen todo el futuro por delante. Saben que será difícil, desafiante, y también gratificante.

CAPÍTULO 10

REFLEXIONES FINALES

Una primera y fundamental aclaración que debo hacer es que ningún ser humano es igual a otro; cada individuo es un profundo misterio. Asimismo, muchas características varían según el país, la cultura, el nivel socioeconómico, la historia, lo que no descarta que existan rasgos comunes en determinados grupos, en este caso el género. No obstante, las generalizaciones que se hacen en este libro ayudan a la descripción y al análisis, pero no deben tomarse como etiquetas. En muchos casos incluso podemos encontrar más similitudes entre ciertos hombres y mujeres que en mujeres entre sí. Pero existen, desde hace cientos de años, numerosos estudios en diversas disciplinas que plantean las distinciones de género. Y nadie puede negar que en el día a día todos nos topamos con momentos en los que estas diferencias se perciben o se viven.

No hay que remontarse muy lejos en el tiempo para encontrar el primer paso en el camino de la reivindicación de los derechos de la mujer como trabajadora y ciudadana, al mismo nivel que los hombres. Y si bien se ha avanzado desde lo legislativo, político, económico y laboral, aún hay trayecto por recorrer. Muchas mujeres hoy sienten la necesidad de proteger las conquistas logradas durante tantos años por el accionar de luchadoras, enroladas o no en movimientos feministas. No sería bueno traicionar los avances en materia de construcción de la subjetividad femenina, por ejemplo: independencia, acceso a trabajos dignos y lugares de poder, decisión sobre la maternidad, etc. Sin embargo algunas mujeres aún están insatisfechas con su vida. Las escucho quejarse por no poder equilibrar las tareas del hogar con su trabajo, por no saber delegar o pedir más compromiso a su pareja, porque sienten culpa o por recaer en experiencias frustrantes. También veo a muchísimas mujeres felices y realizadas por poder disfrutar de su familia, de un trabajo y de espacios sociales y políticos. Hubo idas y vueltas, numerosas corrientes que abordaron el tema, algunas radicales y otras no tanto, pero sin duda las investigaciones demuestran que la participación cada vez mayor y protagónica de la mujer en las estructuras organizativa y productiva, sin renunciar a su espacio maternal y familiar, contribuye a su realización personal plena, al fortalecimiento de la institución familiar y de la sociedad en su totalidad.

Fortalecer el desarrollo. CoaXXing

Mirando a futuro, seguir creciendo laboralmente en la carrera del liderazgo requiere sin duda un disciplinado desarrollo personal y profesional. Las mujeres deben aceptar que la firmeza de sus acciones se encuentra en su propio interior, en sus potencialidades, en sus capacidades. Pero no es suficiente. Para tener una trayectoria exitosa, más allá del género, actualizarse y formarse permanentemente es un requisito indiscutible. La educación formal no basta para desarrollar todas las competencias que caracterizan a un líder.

He conducido programas de desarrollo de liderazgo en distintas organizaciones y países, y he asistido a muchos otros. La creciente participación de la mujer en las empresas me ha llevado a analizar en detalle si el diseño de dichos proyectos está pensado bajo un paradigma de diversidad. Esto en absoluto implica llevar adelante acciones diferenciales por género. Todo lo contrario. La integración requiere de la complementariedad y del enriquecimiento a partir de variadas miradas de la realidad.

Como se ha descripto en este libro, el coaching es una de las intervenciones más valiosas para el desarrollo de líderes. Al momento de tener personalmente un coach o de conversar con mujeres ejecutivas, han surgido inquietudes y preguntas: "¿El perfil del coach es el apropiado?" "¿Entiende mis necesidades, los desafíos que estoy enfrentando, los obstáculos?" "Las conversaciones significativas, propias del coaching, ¿pueden darse si el coach no comprende lo que siento, o si no puede ponerse en mis zapatos?" "¿Juzgará mi estilo de comunicación?" En muchos casos, las líderes piden una coach porque creen que una mujer las acompañará mejor, aun cuando podría pensarse que un hombre sabe más acerca de cómo integrarse a un mundo laboral históricamente masculino. No hay recetas ni soluciones mágicas, pero la inquietud existe, sea o no producto de prejuicios o desconocimiento. Sin embargo, numerosas y variadas experiencias en la materia me han conducido a definir una modalidad de coaching más ajustado al paradigma femenino de pensar, actuar y sentir: el coaxxing. No responde a un modelo ni a metodologías propias sino a un coaching adaptado a las exigencias del mundo laboral y dirigido a la mujer, sus objetivos y contexto. El coaxxing busca acompañar en su desarrollo a las que luchan cotidianamente por hacer realidad una vida que equilibre lo laboral, lo familiar y lo personal en todas sus dimensiones (física, psíquica y espiritual).

En este marco, considero que las principales cuestiones que deberían ajustarse al perfil de la coachee para que el proceso sea más efectivo, motivador y gratificante se refieren a la calidad del vínculo que se entabla con el coach, a la manera de abordar los obstáculos propios de la carrera, y a la fuerte interrelación que existe entre las dimensiones personales y laborales de la vida femenina. ¿Cómo entiende el coaxxing que se debe abordar cada una de estas cuestiones?

1. Reforzar una relación intersubjetiva específica a través de una asociación estimulante: empatizar entendiendo los atributos, competencias y estilos de liderazgo de la coachee. Comprender que la mujer tiene cualidades propias que surgen de las condiciones biológicas, educativas, sociales y psicológicas; y que cuenta con riquísimos recursos que la habilitan a ejercer exitosamente funciones de liderazgo. Su modo y hábitos de comunicación difieren de los del hombre.

2. Optimizar los recursos y eliminar los frecuentes obstáculos y barreras que la mujer debe enfrentar durante la carrera del liderazgo, especialmente en ambientes laborales predominantemente masculinos. Ella, quizás más que el hombre, necesita sentirse contenida y escuchada.

3. Reconocer y, sobre todo, aceptar que durante el proceso se van a entrecruzar aspectos propiamente femeninos (maternidad, hijos, temas domésticos, cuidado de los padres, inseguridades propias) con los profesionales y laborales. Se deben acordar las expectativas y focalizar los objetivos de mejora, sin descuidar que en la mujer sus temas más íntimos, personales y familiares son en general un pilar y en muchos casos fundamento de sus inquietudes de trabajo y carrera.

Inquietudes más frecuentes

En el marco de este entrecruzamiento de cuestiones personales y laborales, que van variando en los diferentes estadios del ciclo de vida, durante algunas sesiones de coaching he escuchado (y vivido en lo personal) muchas inquietudes, preocupaciones y temáticas a abordar. Analicemos algunas de ellas.

¿Cómo se hace?

Una de las más frecuentes es: "¿se pueden desempeñar los roles de madre, trabajadora, profesional actualizada, hija, amiga, esposa y demás, al mismo tiempo?" Estoy convencida de que la mujer puede desplegarse en todos los planos y combinar opuestos que antes eran irreconciliables: trabajadora/madre, sensible/aguerrida, sumisa/rebelde, recatada/apasionada, emocional/racional, ejecutiva/esposa, etc. Puede decidir, ser congruente en lo que piensa, siente y hace. Llevar adelante proyectos laborales e incluso ejercer posiciones de liderazgo no obliga a renunciar a los preceptos clásicos de la feminidad: la belleza y la seducción, la maternidad, el cuidado de la familia, la asistencia del hogar, etc. Es difícil. Requiere resignar cosas, frustrarse y enojarse de vez en cuando. Reflexionar sobre cuánto realmente es suficiente, cuestionarse constantemente, gestionar la presión impuesta y autoimpuesta, organizarse y delegar, aceptar las limitaciones, compartir las necesidades, llorar y reír, estar orgullosa de sí misma, autorizarse a estar cansada, caerse y levantarse, aceptar que no todo es como a uno le gustaría y nunca bajar los brazos. La sociedad hoy permite a la mujer la expansión dentro de su trama de relaciones y lugares de poder; pero, por otro lado, no la libera totalmente de los imperativos de género. Esto no debería verse como algo negativo (al menos yo no lo percibo así), sino como una oportunidad, como una invitación a disfrutar facetas sumamente ricas de la vida con una actitud optimista que permite pensar que siempre "se puede" y "hay que intentarlo".

Disfrutar el rol de liderazgo

Una profesional a la que coacheé hace un tiempo quedó embarazada y no lo tenía planeado. Estaba en un momento muy importante de su desarrollo laboral. La empresa atravesaba una restructuración y tenía por delante oportunidades de promoción a una función de dirección. Madre de dos hijos y apasionada por su carrera, no quería dedicarse solo a su hogar o a acompañar a su pareja, también un ejecutivo exitoso. No podía resignar lo que había elegido y por lo que había trabajado tanto. Esperó para contarle la noticia a su jefe. Temía que esto afectara la posibilidad de ser considerada candidata para la posición que se abría. Finalmente él la llamó para reunirse: seguramente, algo sospechaba. Empezó la conversación diciendo que era muy valorada por su desempeño y potencial de crecimiento y que la habían seleccionado para el rol. La ejecutiva pensó que no era el momento de informar sobre su estado, pero debía hacerlo. El jefe se quedó sin palabras. Le pidió tiempo para repensar la decisión dado que este cargo implicaba muchos viajes (¿por qué presumía que no podría hacerlos?). Pero ella estaba convencida de lo que quería. La entusiasmaba el desafío, estaba muy bien organizada en su hogar y nunca había tenido problemas en su rol de madre. Con firmeza, dijo a su jefe que quería el puesto, que no lo iba a defraudar, que satisfaría las expectativas. Finalmente, le dieron el ascenso. Su excelente desarrollo profesional continuó, al igual que el disfrute del embarazo y los hijos, gracias al apoyo de su pareja y otros aliados. Décadas atrás, seguramente el jefe no le habría asignado el puesto o la mujer no lo habría aceptado. Más allá del caso en particular, es importante subrayar que ella disfrutaba lo que hacía, se había esforzado mucho y resignado cosas para alcanzar el lugar de liderazgo que ocupaba y esto claramente pesaba en su decisión.

Todavía no es frecuente encontrar mujeres que ejerzan posiciones ejecutivas. Es algo cierto, tanto como que las hay. Como se ha descripto en el Capítulo 3 a propósito del liderazgo femenino, muchas características de la líder exceden el género. Pero otras les son propias: la intuición y la sensibilidad, el peso de la emoción, la disposición a motivar, inspirar, proteger y cuidar, la tendencia a priorizar no solo el trabajo. Estas y muchas otras características específicas dotan a la mujer de una predisposición espontánea a comunicarse abiertamente, a relacionarse desde los sentimientos, a formar equipos, a ejercer el poder a través de otros, a pensar simultáneamente en temas personales, familiares, domésticos y laborales.

La mujer mencionada en el caso tenía estos atributos y ejercía una posición relevante. Gozaba con lo que hacía y lo llevaba a cabo con convicción. Esto es fundamental para cualquier líder, pero pasa a ser clave en el caso de las mujeres, que aún están generándose un espacio en el mundo del trabajo. Espero que haber descripto en este libro qué factores hacen a una líder exitosa ayude a muchas mujeres a reconocerse como tales y a perseverar para seguir abriéndose camino.

Mitos instalados

Es indiscutible que al emprender una trayectoria laboral, sin descuidar otras elecciones personales y familiares, se encuentran muchas piedras en el camino. Algunas de ellas son el resultado de obstáculos objetivos y otras, de estereotipos y mitos instalados en la sociedad. Varios casos que he escuchado de diversas mujeres lo ejemplifican:

- "Me postulé a una búsqueda laboral que me resultaba interesante. En la primera entrevista me preguntaron si tenía hijos. No sabía qué responder, temía que influyera en la decisión. Creo que así fue: me dijeron que el puesto requería muchas horas de trabajo y que los hijos seguramente se interpondrían con mi dedicación".

- "Teníamos un problema serio con un cliente y era parte de mi responsabilidad resolverlo. Lo cité para tratar el tema. Al llegar me preguntó si estaría solo yo en la reunión, pues él no negociaba con mujeres".

- "Termino el día exhausta. El trabajo me está demandando mucho tiempo y energía, y cuando llego a casa tengo que cocinar, ordenar, lavar ropa, entre otras cosas. Mi esposo no colabora espontáneamente, se lo tengo que pedir como un favor y me cuesta hacerlo".

- "A veces no sé si es una sensación o es real, pero creo que mi jefe me exige más que a mi par, que es hombre. El otro día nos llamó a una reunión y me agobió con cuestionamientos. Aunque los dos habíamos trabajado en el proyecto, a él solo le hizo un par de preguntas. Salí muy mal de la reunión y con tareas adicionales. Mi compañero, en cambio, estaba como si nada hubiese pasado".

- "Tengo un colaborador que, desde que me promovieron y pasé a ser su jefa, no me acepta como tal. Me evade, me subestima. Sus compañeros me dijeron que no estaba contento de tener una jefa mujer".

- "Me ofrecieron otro trabajo. Es un gran reconocimiento, un crecimiento. Me atrae, pero tengo miedo de no poder. Sé que tengo las condiciones y la experiencia; sin embargo, no sé si debo aceptarlo".

- "Cuando se nos presentó un problema muy serio y mi jefe me citó a una reunión para analizar cómo resolverlo, me dijo: 'Puedo aceptar errores y muchas otras cosas; lo único que no sé si podría tolerar es que te pongas a llorar'. Me sentí muy mal".

Estos son solo algunos ejemplos de las situaciones que las mujeres enfrentan todos los días. Por supuesto, no todo es una barrera, un obstáculo o un problema. Las satisfacciones definen la balanza. Tal como describí en el Capítulo 4, lo importante es tratar de focalizarse siempre en lo positivo y desterrar, en primer lugar, las barreras internas autoimpuestas: inseguridades, temores, falta de confianza en una misma. Cada piedra en el camino es una oportunidad para aprender, para madurar, para fortalecerse. Nunca hay que apagar esa llama juvenil que nos hace sentir que nada es imposible. Por el contrario, debemos conservar la rebeldía como pulsión vital que rechaza lo que destruye nuestros sueños y creencias.

Hombres y mujeres experimentamos de manera diferente el ámbito laboral. Tenemos formas distintas de recoger, asimilar y compartir la información. Nuestras características distintivas –biológicas, psicológicas, culturales y emocionales– inciden en la forma en que nos desempeñamos, comunicamos y desarrollamos en el ámbito laboral. La definición de éxito –en general disímil en hombres y mujeres– puede influir en el establecimiento de metas y el monitoreo de resultados. Un coach efectivo debe entender esto sin perder foco en el objetivo de mejora del desempeño, monitoreando el proceso. Debe contener y al mismo tiempo poner límites, debe desafiar sin generar desconfianza, debe ser flexible sin descuidar el proceso mismo, debe ser creíble y empático manteniendo distancia. Esto no lleva a la conclusión de que el mejor coach para una mujer es femenino; lo que vale son las capacidades, la experiencia y las cualidades personales. Un hombre ofrece la complementariedad que enriquece la mirada sobre los problemas; la mujer, la posibilidad de comprender a otra en profundidad por atravesar circunstancias similares.

Un coaching más ajustado al perfil femenino de líder parecería ser necesario. Un proceso que entienda sus vivencias al incursionar en un mundo laboral competitivo, relativamente nuevo para ella, con escasos modelos exitosos y donde aún predominan prejuicios, y en muchos casos, decisiones de carrera y desarrollo que favorecen al varón en detrimento de la mujer. En definitiva, un proceso que haga prevalecer las necesidades y los desafíos de la mujer que trabaja y trata de equilibrar todas las dimensiones de la vida que ha elegido tener, y que se apalanque en sus atributos y fortalezas.

Ser auténtica, fiel a sí misma

Qué sueño para mi futuro, qué es lo que quiero ser y hacer, cómo me veo dentro de cinco años, cómo encaminaré mi carrera, qué es lo que realmente me inquieta, qué es lo que no puedo descuidar, cuáles son mis prioridades. Me he hecho estas preguntas y las he escuchado también de otras mujeres en diferentes etapas de la vida, especialmente al decidir qué estudiar, al iniciar la carrera y en el momento de decidir el futuro familiar. Por supuesto, no existen dos respuestas iguales. Pero plantear los interrogantes es primordial: ayuda a reflexionar, a conocerse, a dilucidar caminos a emprender. En el caso de la mujer, el desafío es doble. En lo laboral, cuenta con pocos antecedentes del género ocupando posiciones relevantes de liderazgo. Y en lo personal, no puede ni quiere delegar el instintivo rol maternal, decida o no tener hijos. El desafío es discernir entre el deseo y los objetivos propios, por un lado, y lo que responde a estereotipos, expectativas ajenas, costumbres y convenciones, por otro.

Aquí surge el valor de ser auténtica, de atreverse y plantearse qué se quiere para la vida y, en particular, en el terreno laboral. La autenticidad demanda el valor de ser lo que cada uno realmente quiere ser, en forma íntegra y sincera, sin dejarse llevar simplemente por modelos externos, modas, tradiciones o creencias, y aceptando las propias limitaciones y cualidades. Todo esto se torna especialmente complejo hoy, cuando la tendencia es parecerse a los demás, tener el físico ideal, vestirse a la moda, ser la madre perfecta, el ama de casa devota, la profesional exitosa. Incursionar en nuestro interior para saber a qué aspiramos como seres únicos y distintos exige coraje.

La mujer, por razones culturales, educativas y/o psicológicas, busca complacer a los demás y tiende a sentirse culpable si no responde a esas expectativas, aun cuando esto signifique postergarse. Es importante revisar los anclajes motivacionales y no planear el desarrollo profesional ni la carrera según los mandatos externos internalizados; en suma, no dejarse definir de acuerdo con la imagen que los demás tengan de uno. Es el pilar de la satisfacción por la vida que se decide tener, seguramente compartida con otros (pareja, hijos, colegas, amigos), satisfacción que moviliza, energiza e impulsa a superar obstáculos y disfrutar las oportunidades. Que la mujer desee ser parte del mundo laboral en un rol de liderazgo, y que lo haga porque realmente quiere, es finalmente un maravilloso acto de libertad que se debe a sí misma.

Crear un futuro significativo

Permanentemente estamos haciendo elecciones, sencillas o de impacto. Entre ellas está la de tener hijos. Los tengan o no, las mujeres no pueden dejar de pensar en el futuro –sobre todo en el de las nuevas generaciones más que en el suyo propio–, en su retiro o en las etapas finales de su carrera. Es un instinto, el instinto de reproducción (materializado o no), de trascender y dejar un legado.

Esto se presenta sin duda también en lo laboral, consciente o inconscientemente. ¿Qué puedo hacer por los jóvenes en general y por las mujeres en particular? ¿Cómo facilitarles el camino para que el mundo laboral en el que se inserten sea efectivamente más diverso?

He tenido en mis equipos a muchas jóvenes con potencial de liderazgo. Enfrentan y enfrentarán dificultades en el camino de su inserción laboral plena y en el desarrollo en posiciones de liderazgo, quizás en tiempos diferentes (la maternidad se ha postergado), o con mayor evidencia de los cambios en los roles masculinos en la familia y el hogar. De todos modos, compatibilizar maternidad y trabajo, formación y empleo, autonomía y convivencia, seguirá siendo una tarea compleja. Estoy convencida de que es nuestra responsabilidad mostrarles una actitud optimista, ayudarlas a encontrar sus propias soluciones sin dejar de guiarlas y respetar sus decisiones. Pero lo más importante es que construyamos vínculos de profunda complementariedad con los hombres para que quede en el pasado el lugar protagónico que hoy tiene la preocupación de que la diversidad no sea un valor.

Las líderes de hoy, como modelos, mentoras o simplemente como mujeres visibles, podemos hacer una diferencia en la construcción de un futuro mejor, que a todos beneficia, para quienes quieren desarrollar su potencial y sentirse plenas personal y profesionalmente. Está en manos de todos, hombres y mujeres, dejar un legado que nos trascienda.

No hay barrera, cerradura ni cerrojo
que puedas imponer a la libertad de mi mente.
Virginia Woolf

BIBLIOGRAFÍA

Alberdi, Inés; Escario, Pilar y Matas, Natalia: "Las mujeres jóvenes en España", en *Colección Estudios Sociales*, N° 4, Fundación La Caixa, Barcelona, 2000.

Altilio, Alejandro y van den Heuvel, John: *Coaching con pasión*. Dunken, Buenos Aires, 2004.

Angel, Pierre y Amar, Patrick: *Guía práctica del coaching*. Paidós, Madrid, 2007.

Argyris, Chris y Schön, Donald: *Theory in Practice*. Jossey Bass, San Francisco, 1974.

Argyris, Chris: *Reasoning, learning, and action*, Jossey-Bass Publishers, San Francisco, 1982.

Bachrach, Estanislao: *Ágil Mente. Aprende cómo funciona tu cerebro para potenciar tu creatividad y vivir mejor*. Sudamericana, Buenos Aires, 2013.

Bancroft, Nancy H.: *Feminine Quest for Success*. Berrett-Koehler Publishers, San Francisco, 1995.

Barrera Basols, Dalia (comp.): *Empresarias y ejecutivas mujeres con poder*. El Colegio de México, México DF, 2001.

Barsh, Joanna & Cranston, Susie: *How remarkable women lead. The breakthrough model for work and life*. Crown Business, New York, 2009.

Bell, Chip R.: *Managers as Mentors*. Berrett-Koehler Publishers, San Francisco, 1998.

Benko, Cathy & Weisberg, Anne: *Career mass customization*. Harvard Business School Press, Boston, 2007.

Bennis, Warren G.: "The 4 competencies of leadership", en *Training and Development Journal*, ASTD, Alexandria, VA, 1984.

Bennis, Warren G. y Nanus, Burt: *Leaders: the strategies for taking charge*. Harper & Row, New York, 1985.

Burns, James Mac Gregor: *Leadership*. Harper & Row, New York, 1978.

Carli, Linda L. & Eagly, Alice H.: "Women and the Labyrinth of Leadership". En *Harvard Business Review*, Harvard Business School Publishing Corporation, Boston, September 2007.

Castells, C. (comp.): *Perspectivas feministas en teoría política*. Paidós, Barcelona, 1996.

Catalyst. *The Bottom Line: Corporate performance and women's representation on boards*, Catalyst, New York, 2007. www.catalystCatalyst.com

Catalyst. *Women 'Take Care', Men 'Take Charge'": – Stereotyping of U.S. Business Leaders Exposed*. Catalyst, New York, 2005. www.catalystCatalyst.com

Coates, Jennifer: *Women, men and language*. Pearson Longman, London, 2004.

Compass Point: "Using peer coaching for higher performing staff", 5th Annual Silicon Valley Peninsula Nonprofit Forum, abril 2012. www.compasspoint. org/sites/default/files/documents/SVForum/PeerCoaching.pdf

Coria, Clara; Freixas, Anna y Covas, Susana: *Los cambios en la vida de las mujeres*. Paidós, Barcelona, 2011.

Cortese, Horacio Eduardo: *Coaching & aprendizaje organizacional*. Temas Grupo Editorial, Buenos Aires, 2007.

Covey, Stephen: *Los 7 hábitos de la gente altamente efectiva*. Paidós, 2012.

Cunningham, Jane, & Roberts, Philippa: *Inside her Pretty Little Head: A New Theory of Female Motivation and What it Means for Marketing*. Marshall Cavendish Limited & Cyan Communications Limited Books, London, 2006.

Debeljuh, Patricia y Las Heras, Mireia: *Mujer y liderazgo*. LID Editorial, Buenos Aires, 2011.

Deloitte: *The gender dividend: making the business case for investing in women*. 2011. www.deloitte.com

Eagly, Alice H. & Carli, Linda L.: *Through the labyrinth. The truth about how women become leaders*. Harvard Business School Press, Boston, 2007.

Elsner, P.; Montero, M.; Reyes, C. y Zegers, B.: *La familia: una aventura*. Alfaomega, México, 2001.

Emerson, Ralph Waldo: *Confiar en uno mismo*. Gadir, Madrid, 2009.

Evans, Gail: *Play like a man, win like a woman. What men know about success that women need to learn*. Broadway Books, New York, 2000.

Flower, Joe: "Differences make a difference. Excerpts from a conversation with Judy B. Rosener", en *The Healthcare Forum Journal*, Vol. 35, N° 5, San Francisco, 1992.

Gadow, Fabiana: *Dilemas. La gestión del talento en tiempos de cambio*. Ediciones Granica, Buenos Aires, 2010.

Gardner, John W.: *On leadership*. The Free Press, New York, 1990.

Gil Calvo, E.: *Medias miradas. Un análisis cultural de la imagen femenina*. Anagrama, Barcelona, 2000.

Glass, Lilian: *He says, she says*. Perigee Books-Penguin Group, London, 1993.

Goldsmith, Marshall; Lyons, Laurence & Freas, Alyssa: *Coaching for Leadership.* Jossey-Bass Pfeiffer, San Francisco, 2000.

Goleman, Daniel: *La inteligencia emocional en la empresa.* Vergara, Buenos Aires, 1999.

Gore, Ernesto: *El próximo management.* Ediciones Granica, Buenos Aires, 2012.

Harvard Business Review on Women in Business. Harvard Business School Publishing Corporation, Boston, 2005.

Harvard Business Review on Managing Diversity. Harvard Business School Publishing Corporation (compiler), Boston, 2001.

Heim, Pat; Golant, Susan K.: *Hardball for women. Winning at the game of business.* Plume, New York, 1993.

Helgesen, Sally: *The female Advantage. Women's ways of leadership.* Doubleday Currency, New York, 1995.

Helgesen, Sally & Johnson, Julie: *The Female vision.* Berrett-Koehler Publishers, San Francisco, 2010.

Heller, Lidia: *Voces de mujer: actividad laboral y vida cotidiana.* Sirpus, Barcelona, 2008.

Holbrook, James E.; Barr, J. Keith: *Contemporary coaching: issues and trends.* Cooper Pub Group, Carmel, 1997.

http://www.ccl.org/Leadership/. Center for Creative Leadership, Greensboro, North Carolina, USA.

Ibarra, Herminia & Obodaru, Otilia: "Women and the vision thing", en *Harvard Business Review,* Boston, enero 2009.

Inam, Henna. En: http://www.transformleaders.tv/

Kinlaw, Dennis C.: *Coaching for Commitment.* Pfeiffer & Company, San Diego, 1993.

Knowles, Malcolm: *The adult learner, a neglected species.* Gulf Publishing Company, Houston, 1990.

Kotter, John P.: "What leaders really do", en *Harvard Business Review,* N° 3, Cambridge, mayo-junio 1990.

Kramerae, Cheris: *Women and men speaking.* Newbury House Publishers, Cambridge, 1981.

Lasorda, Tommy: *The Tao of Coaching.* Knowledge Exchange LLC, Santa Monica, 1997.

Leimon, Averil; Moscovici, Francois & Goodier, Helen: *Coaching women to lead.* Routledge, East Sussex, 2011.

Loden, M.: *Dirección femenina: cómo triunfar en los negocios sin actuar como un hombre.* Editorial Hispano Europea, Barcelona, 1987.

López Moratalla, Natalia: *Cerebro de mujer y cerebro de varón.* Rialp, Madrid, 2009.

Luecke, Richard: *Coaching and Mentoring: How to Develop Talent and Achieve Stronger Performance.* Harvard Business School Publishing, Boston, 2004.

Mc Gregor, Douglas: *The human side of enterprise.* McGraw-Hill, New York, 2005.

McKinsey & Company: *Women Matter: Gender diversity, a corporate performance drive.* McKinsey & Company, New York, 2007. www.mckinsey.com

Miedaner, Talane: *Coaching para el éxito.* Urano, Barcelona, 2002.

Mielczareck, Vanesa: *Inteligencia intuitiva.* Kairós, Barcelona, 2008.

Murray, Margo: *Beyond the Myths and Magic of Mentoring.* Jossey-Bass, San Francisco, 2001.

Nadler, David A. & Tushman, Michael L.: "Beyond the charismatic leader: leader and organizational change", en *California Management Review*, Vol. 32, N° 2, California, 1990.

Narotzky, Susana: *Mujer, mujeres y género.* CSIC, Madrid, 1995.

Nicholson, L. (comp.): *Feminismo/posmodernismo.* Feminaria, Buenos Aires, 1994.

Peiró, J. M. y Prieto, F. (dirs.): *Tratado de psicología del trabajo.* Síntesis, Madrid, 1996.

Peters, Tom: *Las mujeres arrasan en el mundo empresarial.* Manifiesto, Madrid, 2002.

Picchio, Antonella: "El trabajo de reproducción, tema central en el análisis del mercado laboral", en *Las mujeres y el trabajo, rupturas conceptuales.* Fuhem, Barcelona, 1994.

Ready, Lauren: *Taking charge. A roadmap for a successful career and a meaningful life for high potential corporate women leaders.* Special report. ICEDR, Lexinton, 2012.

Rezvani, Selena: *The next generation of women leaders.* ABC-CLIO, Santa Barbara, 2010.

Rhode, Deborah L.: *The Difference "difference" makes.* Stanford University Press, California, 2003.

Robbins, Pam & Robbins, Pamela: *How to plan and implement a peer coaching.* Association for Supervision and Curriculum Development, Alexandria, Va., 1991.

Rodríguez Franco, Conchita: *Tácticas de coaching para mujeres.* Síntesis, Madrid, 2007.

Rossin, Hanna: *The end of men. And the rise of women.* Penguin Group, New York, 2012.

Ruderman, Marian N. & Ohlott, Patricia J.: *Standing at the crossroads. Next steps for high achieving women.* Jossey-Bass Publishers, Centre for Creative Leadership, San Francisco, 2002.

Santos Ortega, José Antonio: *Sociología del trabajo.* Tirant lo Blanch, Valencia, 1995.

Schein, Edgar H.: *Organizational Culture and leadership.* Jossey-Bass Publishers, San Francisco, 1985.

Schein, Edgar H.: *Organizational Psychology*, 3ª edición. Prentice-Hall Inc., Englewood Cliffs NJ, 1980.

Shambaugh, Rebecca: *It's not a glass ceiling, it's a sticky floor.* McGraw-Hill, New York, 2008.

Showers, Beverly & Joyce, Bruce: "The evolution of peer coaching", en *Educational Leadership,* ASCD (www.ascd.org), 1996.

Stogdill, Ralph M.: *Handbook of leadership.* The Free Press, New York, 1974.

Stoltz Chinchilla, N.: "Ideologías del feminismo liberal, radical y marxista", en M. León (comp.), *Sociedad, subordinación y feminismo,* ACEP, Bogotá, 1982.

Tannen, Deborah: *You just don't understand.* Harper Collins Publisher, New York, 1990.

Tarr-Whelan, Linda: *Women lead the way. Your guide to stepping up to leadership and changing the world.* Berrett-Koehler Publishers, San Francisco, 2009.

Taylor, Shelley: Interdisciplinary Relationship Science Program, Los Angeles. 2002. http://www.irsp.ucla.edu/Pages/Faculty/Taylor.html

The Nielsen Company: *Women of tomorrow: a study of women around the world.* 2011, www.nielsen.com

Ting, Sharon & Sisco, Peter (editors): *The CCL Handbook of Coaching: a guide for the leader coach.* Jossey-Bass Publishers, San Francisco, 2006.

Tucker, Elissa; Kao, Tina, y Verma, Nidhi: *Next-generation talent management. Insights on how workforce trends are changing the Face of Talent Management.* Hewitt Associates, 2005. www.hewitt.com,

Valian, Virginia: *Why so slow? The advancement of women.* The MIT Press, Massachusetts, 1999.

Whitmore, John: *Coaching: método para mejorar el rendimiento de las personas.* Paidós, Madrid, 2011.

Zaleznik, Abraham: "Managers and leaders: are they different?", en *Harvard Business Review,* Cambridge, mayo-junio 1977.

Zaleznik, Abraham: *The managerial mystique.* Harper & Row, New York, 1989.

Este libro se terminó de imprimir en el mes de noviembre de 2013
en Talleres Gráficos Color Efe, Paso 192, Avellaneda,
Buenos Aires, Argentina

www.ingramcontent.com/pod-product-compliance
Lightning Source LLC
Chambersburg PA
CBHW060336200326
41519CB00011BA/1950